AF610758

LES

DÉPARTEMENTS

ALGÉRIENS.

Imprimerie de Cosse et J. Dumaine, rue Christine, 2.

LES

DÉPARTEMENTS

ALGÉRIENS

PAR

M. LEBLANC DE PRÉBOIS (Fçois).

Ce qui constitue la force d'un Etat, c'est la réunion sous un gouvernement *homogène* d'une étendue de territoire la plus vaste possible, habitée par une population compacte de *citoyens*.

Gouverner l'Algérie par une législation et une administration exceptionnelles c'est vouloir en faire une *Irlande* au lieu d'en faire une *Corse*.

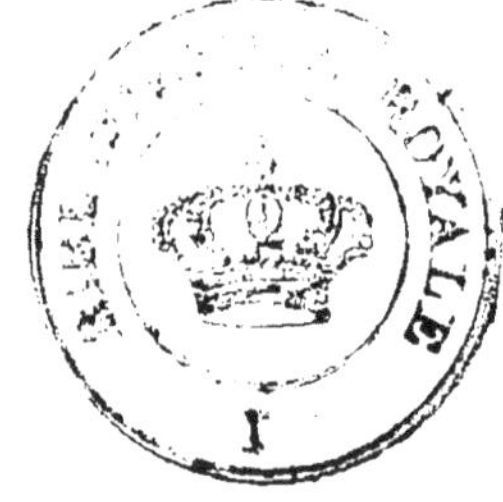

PARIS

LIBRAIRIE MILITAIRE DE J. DUMAINE,

RUE ET PASSAGE DAUPHINE, 36.

ALGER

BASTIDE, libraire place Royale. = DUBOS frères, libraires rue Babazoun.

OCTOBRE. — 1844.

TABLE DES MATIÈRES.

CHAPITRE PREMIER.

La nation française est colonisatrice.

CHAPITRE II.

Population de l'Algérie. — Ses ressources militaires, financières et commerciales.

*

CHAPITRE III.

De la propriété en Algérie.

CHAPITRE IV.

L'Algérie ne peut être une colonie.

CHAPITRE V.

De la colonisation. — Rôle de l'armée dans la colonisation.

CHAPITRE VI.

Maroc et Algérie.

CHAPITRE VII.

Organisation de l'Algérie.

APPENDICE.

FIN DE LA TABLE.

ERRATUM.

Page 6, ligne 6 : apportant du. .. *lisez* apportant au

LES

DÉPARTEMENTS ALGÉRIENS.

CHAPITRE PREMIER.

La nation française est colonisatrice.

On a répété à satiété, jusqu'à en faire un article de foi, que la France n'est pas douée du génie colonisateur, et que tous les mécomptes que nous avons éprouvés en colonisation sont dus à ce défaut d'aptitude. Il est également reçu que l'Angleterre seule a su coloniser et qu'à elle seule appartient le droit de fonder des colonies.

Quand on a prononcé ces paroles sacramentelles, d'un ton dogmatique, on s'imagine avoir porté un jugement sans appel, et l'on prend en pitié l'œuvre qui est dévolue à la France en Afrique.

Par un simple exposé de faits, nous prouverons, au contraire, que la France est une nation essentiellement douée de ce génie, et que le peuple anglais, voué par son organisation sociale actuelle au commerce et à l'exploitation des peuples, a perdu tous ses instincts colonisateurs.

Lorsque la France eut réuni sous un même sceptre toutes les provinces comprises entre la Manche, l'Océan, les Pyrénées, la Méditerranée, les Alpes et une partie du Rhin, l'Angleterre, restreinte aux territoires que lui laissait la mer, tomba au rang de puissance du second ordre. Sa fière aristocratie, irritée de cette infériorité qui lui était imposée par la nature, tendit les ressorts de son génie, et ne fut pas longtemps à se convaincre que l'or pourrait seul remplacer son glaive impuissant. Il fallut donc à tout prix conquérir l'or du monde. (Nous empruntons ici à M. Louis Blanc sa lucide exposition des moyens que l'Angleterre employa pour parvenir à ce but.) (1)

Cette citation, un peu longue, est nécessaire pour bien faire comprendre la situation de l'Angleterre sous le rapport commercial et colonial.

Elle se dit : « Les productions de l'Angleterre sont trop uniformes pour fournir au commerce une longue carrière ; eh bien, nous formerons des matelots et nous construirons des navires qui nous puissent livrer le commerce du monde. Nous habitons une île ; eh bien, nous prendrons à l'abordage tous les continents. Le nombre des matières premières qu'offre notre agriculture est trop circonscrit ; eh bien, nous irons chercher aux extrémités de la terre des matières à manufacturer. Tous les

(1) *Organisation du travail*, page 50 et suivantes.

peuples deviendront consommateurs des produits de l'Angleterre, qui travaillera pour tous les peuples. Produire, toujours produire, et solliciter par tous les moyens les autres nations à consommer, c'est à cette œuvre que s'emploiera la force de l'Angleterre ; c'est là ce qui fera sa richesse et développera le génie de ses enfants. »

« Gigantesque plan ! que, depuis près de deux siècles, l'Angleterre a suivi avec une incroyable persévérance ! Oh ! certes, être enfermé dans une île petite, peu féconde, brumeuse, et sortir de là un jour pour conquérir le globe, non plus avec des soldats, mais avec des marchands ; lancer des milliers de vaisseaux vers l'orient et l'occident, vers le nord et le midi ; enseigner à cent contrées la jouissance de leurs propres trésors ; vendre à l'Amérique les productions de l'Europe, et à l'Europe les riches productions de l'Inde ; faire vivre toutes les nations de son existence, et en quelque sorte les attacher à sa ceinture par les innombrables liens d'un commerce universel ; trouver dans l'or une puissance capable de balancer celle du glaive, et dans Pitt un homme capable de faire hésiter l'audace de Napoléon, il y a dans tout cela un caractère de grandeur qui éblouit l'esprit et l'étonne. »

« Mais aussi, pour atteindre son but, que n'a point tenté l'Angleterre ? jusqu'où n'a-t-elle pas poussé la rapacité de ses espérances et le délire de ses prétentions ? Faut-il rappeler comment elle s'est emparée d'Issequibo et de Surinam, de Ceylan et de Demerary, de Tabago et de Sainte-Lucie, de Malte et de Corfou, enveloppant le monde dans l'immense réseau de ses colonies? On sait de quelle manière elle s'est établie à Lisbonne depuis le traité de Méthuen, et par quel abus de la force elle a élevé dans les Indes sa tyrannie marchande, à côté de la domination hollandaise, mêlée aux débris de l'édifice colonial bâti par Vasco de Gama et Albuquerque. Nul n'ignore enfin le mal que son avidité a fait à la France, et par quelle guerre de sourdes menées, d'instigations perfides, elle est parvenue à renverser dans le sang les établissements espagnols de l'Amérique méridionale. Et que dire des violences qui lui ont pendant si longtemps assuré l'empire des mers; A-t-elle jamais respecté ou même reconnu les droits des neutres? Le droit de blocus n'est-il pas devenu, exercé par elle, la plus arrogante des tyrannies; et n'a-t-elle pas fait du droit de visite le plus odieux de tous les brigandages? Et tout cela, pourquoi? Pour avoir, nous le répétons, des matières premières à manufacturer et des consommateurs à servir. »

« Cette pensée a été si bien la pensée dominante de l'Angleterre depuis deux siècles, qu'on l'a vue sans cesse décourager dans ses colonies la culture des objets de subsistance, tels que le riz, le sucre, le café, tandis qu'elle donnait une impulsion fébrile à celle du coton et de la soie. Mais quoi! pendant qu'elle frappait de droits exorbitants, et, si l'on peut ainsi parler, homicides, l'importation des subsistances, elle ouvrait presque librement ses ports à toutes les matières premières; anomalie monstrueuse qui a fait dire à M. Rubichon : « *De toutes les nations du monde, la nation anglaise est celle qui a le plus travaillé et le plus jeûné.* »

« Là, devait conduire, en effet, cette économie politique sans entrailles, dont Ricardo a si complaisamment posé les prémisses, et dont Malthus a tiré avec tant de sang-froid l'horrible conclusion. »

« Cette économie politique portait en elle-même un vice qui devait la rendre fatale à l'Angleterre et au monde. Elle posait en principe que tout se borne à trouver des consommateurs; il aurait fallu ajouter : des consommateurs qui paient. A quoi sert d'éveiller le désir si on ne fournit point la faculté de le satisfaire? N'était-il pas aisé de prévoir qu'en substituant son activité à celle des peuples qu'elle voulait pour consommateurs, l'Angleterre finirait par les ruiner, puisqu'elle tarissait pour eux la source de toute richesse, le travail? En se faisant peuple producteur par excellence, les Anglais pouvaient-ils espérer que leurs produits trouveraient longtemps des débouchés parmi les peuples *exclusivement* consommateurs? Cette espérance était évidemment insensée. Un jour devait venir où les Anglais périraient d'embonpoint en faisant périr les autres d'inanition. Un jour devait venir où les peuples consommateurs ne trouveraient plus matière à échanges : d'où résulteraient pour l'Angleterre l'encombrement des marchés, la ruine de nombreuses manufactures, la misère d'une foule d'ouvriers et l'ébranlement universel du crédit. »

« Pour savoir jusqu'où peut aller l'imprévoyance, la folie de la production, on n'a qu'à interroger l'histoire industrielle et commerciale de l'Angleterre. Tantôt ce sont des négociants anglais apportant du Brésil, où l'on n'a jamais vu de glace, des cargaisons de patins (1); tantôt, c'est Manchester, envoyant, dans une seule semaine, à Rio-Janeiro (2), plus de marchandises qu'on y en avait consommé pendant les vingt dernières années. Toujours, la production exagérant ses ressources, épuisant son énergie, sans tenir compte des moyens possibles de consommation ! »

« Mais, encore une fois, amener une nation à se décharger sur autrui du soin de mettre en œuvre les éléments de travail qu'elle possède, c'est lui enlever peu à peu son capital, c'est l'appauvrir ; c'est la rendre par conséquent de plus en plus impropre à la consommation, puisqu'on ne consomme que ce qu'on est en état de payer. L'appauvrissement général des peuples dont elle avait besoin pour consommer ses produits, voilà le cercle vicieux dans lequel l'Angleterre tourne depuis deux siècles; voilà le vice, le vice profond, irrémédiable, de son système. Ainsi (et nous insistons sur ce point de vue, parce qu'il est de la plus haute importance), elle

---

(1) Mawe *Travels en Brazil.*

(2) *Ibid.*

s'est placée dans cette situation étrange, et presque unique dans l'histoire, de trouver deux causes de ruine également actives et dans le travail des peuples et dans leur inertie : dans leur travail, qui lui crée des concurrents qu'elle ne saurait toujours vaincre ; dans leur inertie, qui lui enlève des consommateurs dont elle ne saurait se passer. »

« C'est ce qui est arrivé déjà sur une petite échelle, et doit inévitablement arriver sur une échelle plus grande. Que de pertes l'Angleterre n'a-t-elle pas éprouvées par ce seul fait que ses produits s'étaient accrus dans une proportion que n'avaient pu atteindre les objets contre lesquels ils devaient s'échanger? Combien de fois l'Angleterre n'a-t-elle pas produit d'après des prévisions dont l'événement est venu cruellement châtier l'extravagance? On n'a pu oublier de sitôt la grande crise qui servit de dénoûment aux intrigues des Anglais dans les contrées qui s'étendent du Mexique au Paraguay. A peine la nouvelle était-elle arrivée en Angleterre que l'Amérique méridionale présentait un champ libre aux aventuriers de l'industrie, qu'aussitôt tous les cœurs battirent de joie et toutes les têtes s'exaltèrent. Ce fut un délire universel. Jamais la production n'avait eu en Angleterre un tel accès de frénésie. A entendre les spéculateurs, il ne s'agissait que de quelques jours et de quelques vaisseaux pour transporter dans la Grande-Bretagne les immenses trésors que renfermait l'Amérique. La confiance était si grande, que les banques se hâtèrent de battre monnaie avec les espérances du premier venu. Et de ce grand mouvement, que résulta-t-il? On avait calculé sur tout, excepté sur l'existence des objets d'échange et la facilité de leur transmission. L'Amérique garda son or, qu'on ne peut extraire de ses mines; le pays, qui avait été mis à feu et à sang, n'eut à donner, en échange des marchandises qu'on lui apportait, ni son coton, ni son indigo. Ce que cette grande mystification coûta aux Anglais de millions et de larmes, les Anglais le savent, et l'Europe aussi!»

«Et qu'on ne dise pas que nous concluons de l'exception à la règle. Le vice que nous avons signalé a enfanté tous les maux qu'il portait en lui. Car, tandis que l'Angleterre, au dehors, s'épuisait en efforts à peine croyables pour rendre l'univers entier tributaire de son industrie, quel spectacle son histoire intérieure offrait-elle à l'observateur attentif? Les ateliers succédant aux ateliers; l'invention du lendemain succédant à l'invention de la veille; les fourneaux du nord ruinés par ceux de l'ouest; la population ouvrière s'accroissant hors de toute mesure sous les mille excitations de la concurrence illimitée; le nombre des bœufs, qui servent à la nourriture de l'homme, restant bien loin de celui des chevaux, que l'homme est obligé de nourrir; le pain de l'aumône remplaçant peu à peu celui du travail; la taxe des pauvres introduite et faisant pulluler la pauvreté; l'Angleterre, enfin, présentant au monde surpris et indigné le spectacle de l'extrême misère couvée sous l'aile de l'extrême opulence : tels sont les résultats que devait donner la politique qui était partie de ce principe d'égoïsme national : il faut que l'Angleterre cherche partout et à tout prix des consommateurs. »

« Et pour les obtenir, ces désastreux résultats, combien n'a-t-il pas fallu que l'Angleterre commît d'injustices, encourageât de trahisons, semât de discordes, fomentât de guerres, salariât de coalitions iniques et combattît de glorieuses idées ! »

« Mais je n'irai pas plus loin, je n'achèverai pas cette histoire lugubre, afin que personne ne m'accuse d'avoir voulu insulter à cette forte et vieille race des Anglais. Non, je ne veux ni ne puis oublier, malgré tout le mal qu'elle a fait au monde et à mon pays, que l'Angleterre peut, elle aussi, réclamer dans l'histoire des peuples quelques pages immortelles ; que l'Angleterre a été visitée par la liberté avant tous les peuples de l'Europe ; que ses lois, même sous le joug d'une aristocratie écrasante, ont rendu à la dignité humaine d'étonnants et solennels hommages. »

Telle est la situation de l'Angleterre sous le rapport de ses possessions d'outremer ; c'est un immense réseau commercial qu'elle a étendu sur le monde, et qui n'a rien de commun avec le système des colonies véritables.

Aujourd'hui, la France ne possède, sauf l'Algérie, que quelques rares points sans importance sur le globe commercial. Ce n'est donc point dans sa situation actuelle que nous trouverons la preuve de ses instincts colonisateurs. Il faut, pour cela, remonter au siècle de Louis XIV.

A ce sujet, nous répéterons ici ce que nous disions sur le Canada, dans notre ouvrage *l'Algérie prise au sérieux*, passage emprunté d'un ouvrage de M. Michel Chevalier (1).

« Le Canada, dit-il, est à peu près la seule colo-
« lonie que nous ayons fondée exclusivement avec
« des Français. On transporta une organisation so-
« ciale complète. Une fois le pays reconnu, la flotte
« royale y débarqua des seigneurs, à qui le roi avait
« octroyé des fiefs. Ils étaient suivis de vassaux
« qu'ils avaient pris en Normandie et en Bretagne,
« et à qui ils *distribuèrent* des terres. Elle y déposa
« en même temps un clergé régulier et séculier
« doté lui-même d'amples domaines territoriaux,
« et qui, de plus, préleva la dîme. Puis, vinrent
« des marchands et des compagnies à qui des pri-
« viléges étaient accordés pour la traite des pelle-
« teries et pour le commerce. En un mot, les trois
« ordres, clergé, noblesse et tiers état, furent im-
« portés tout d'une pièce de la vieille France à la
« nouvelle. La seule chose que les colons laissèrent
« derrière eux fut la misère du plus grand nombre.
« Le système était bon pour l'époque ; le principe
« d'ordre et de hiérarchie qui y présidait, sous la
« seule forme possible alors, était en harmonie avec

(1) Lettres sur l'Amérique du Nord.

« le caractère du peuple. Ce qui l'atteste c'est que « sous ce régime, auquel les Anglais conquérants « n'ont rien changé, le Canada a fleuri et la popu- « lation s'y est multipliée au sein d'une douce ai- « sance. » . . . .

« . . . .

« . . . .

« On ne serait pas fondé à prétendre que les pro- « grès du Canada se sont réalisés en dépit du mode « de colonisation ; la discussion entre le *parce que* « et le *quoique* est aisée à terminer dans ce cas. Tout « ce que le système primitif avait d'onéreux subsiste « encore intact, et la population ne s'en plaint pas. « Les redevances seigneuriales, la dîme, le droit de « mouture, le four banal, y sont actuellement en « pleine vigueur; et, chose incroyable , rien de tout « cela ne figure dans l'interminable liste des 93 « griefs, récemment dressée par les Canadiens, con- « tre le régime qui les gouverne.

« En France......, il n'y a plus de seigneurs, de « vassaux, ni de dîme, les trois ordres sont abolis; « il n'y a plus de royauté absolue; mais nous avons « un gouvernement à trois têtes qui dispose de res- « sources bien autrement inépuisables, de moyens « d'action bien autrement énergiques. Le pouvoir « central, le seul qui subsiste maintenant, doit faire « intervenir sa direction là où autrefois la royauté « et les divers ordres imposèrent la leur. Nous ne « fonderons de colonie ni à Alger, ni ailleurs, à « moins que le gouvernement ne se charge d'y rem-

« plir, sauf les modifications exigées par le progrès « des temps et par les circonstances, le rôle que « jouèrent, au Canada, la noblesse et le clergé. »

Ce fut seulement sous Louis XIV que le Canada commença à prospérer; ce grand roi, avait parfaitement compris, qu'à part le commerce des pelleteries, le Canada ne pouvait être exploité pour ses produits. Il avait parfaitement jugé que c'était une annexe, un appendice de la France qu'il fallait créer au nord du continent américain, et que le seul élément possible de cette création était un peuple français avec sa puissante intelligence; il sentit que le moyen le plus énergique de faire prospérer rapidement cet établissement, était de donner à la population les lois et les institutions alors en vigueur en France.

Les résultats dépassèrent toutes les espérances, et la population du Canada s'éleva, en moins d'un siècle, à plus de 500 mille âmes (1); car les Français d'alors avaient compris qu'aller au Canada, c'était changer de climat sans quitter la France.

Que faisaient les Anglais en présence d'un aussi grand succès? Accablant sous le poids de la tyrannie la colonie fondée par Guillaume Penn, ils y poussèrent l'exaction et l'illégalité si loin, que la révolte

---

(1) D'après le recensement fait le 1er mars 1851, la population du Bas-Canada était de 600 mille âmes; 75 mille d'origine britannique et 525 mille Français catholiques. Le Haut Canada est peuplé plus particulièrement d'Écossais et d'Irlandais au nombre de 250 mille.

leur arracha le vaste empire de l'Amérique du Nord, et que la seule terre où les Anglais se sont véritablement établis à l'état de colons (*les Etats-Unis*) est devenue leur plus puissante rivale, si ce n'est leur plus puissante ennemie.

Le seul pays où la France a véritablement colonisé, c'est *le Canada*, et bien que ce pays lui ait échappé par le honteux traité de 1763, il est encore français de cœur, et serait glorieux d'appartenir à la mère-patrie.

Qui maintenant oserait douter de l'instinct de la France à coloniser? Tous les peuples sont aptes à le faire; l'insuccès a toujours eu pour cause l'inhabilité des mesures gouvernementales et les mille résistances que peuvent créer l'inintelligence et la routine.

Sous ce rapport, en France, nous en sommes, en fait de colonisation, aux idées qui étaient en circulation il y a cent ans. Les traditions du Canada sont oubliées, et les modifications sociales survenues depuis 89 sont comme non avenues. Et cependant si, en moins d'un siècle, malgré la distance et les difficultés de la navigation, plus de 500 mille Francais se sont établis au Canada, parce qu'ils savaient s'installer dans une nouvelle France, quel ne serait pas le rapide essor de l'émigration en Algérie, avec l'aide de la vapeur, pour franchir le court espace qui sépare la France du rivage africain, si le peuple et les capitalistes savaient y trouver la France telle qu'ils la connaissent?

Nous ne saurions donc accepter les raisonnements du gouvernement algérien et de ses publicistes (1) qui, négligeant l'exemple du Canada, seul couronné du succès le plus complet, creusent l'histoire pour rechercher chez les Romains des modèles à suivre et des justifications aux systèmes qu'ils prônent.

Selon nous, c'est la marche inverse qu'il faut suivre; si on veut consulter l'histoire c'est pour y apprendre ce qu'il ne faut pas faire, comment il ne faut pas agir.

Autrefois, quand les Romains exploitaient le nord de l'Afrique, c'était pour se procurer le blé que l'Italie, les Gaules et la Germanie, alors couvertes d'épaisses forêts, ne pouvaient produire en assez grande abondance pour nourrir les populations. Aujourd'hui les Anglais exploitent les Indes pour les précieux produits de ces riches contrées. Mais ce n'étaient pas plus des mains romaines qui labouraient la terre en Afrique, que ce ne sont de nos jours des mains anglaises qui font produire au sol hindou tous les trésors dont s'empare une avide et cruelle compagnie. En Afrique, des milliers d'hommes courbés sous le joug de l'esclavage, étaient les seuls travailleurs des Romains, comme aujourd'hui des millions d'Hindous opprimés par la cupidité, sont les seuls travailleurs des Anglais.

(1) *Aperçu sur l'Etat d'Alger* ou *Lettres d'un voyageur à son frère*; ouvrage écrit par une main très habile et très connue, mais impuissante à déguiser l'absence complète de logique qu'on y remarque à chaque page.

Le gouvernement dictatorial militaire des Romains était motivé par la nécessité de nourrir Rome. L'Afrique était le grenier de l'Italie ; il fallait le tenir toujours approvisionné ; des esclaves étaient employés à ce travail, et Rome n'en manquait pas. Dans les Indes, les Anglais n'ont d'autre pensée, d'autre intérêt que l'exploitation de l'Hindostan au profit de quelques privilégiés, et le peuple hindou est l'instrument de cette exploitation. Les moyens que ces deux nations ont adoptés étaient en harmonie avec le but qu'elles s'étaient proposé et en rapport avec les obstacles à surmonter, savoir : en Afrique, des populations nombreuses et guerrières ; et dans les Indes, des multitudes, moins guerrières il est vrai, mais redoutables par leur nombre et leur force d'inertie. C'était un appareil militaire qui opprimait les deux pays.

Aujourd'hui, le nord de l'Afrique n'est plus le pays des Numides; les nombreuses villes de Jugurtha n'existent plus, le vent de l'Islamisme a dépeuplé l'Algérie comme il a dépeuplé l'Orient et toutes les contrées sur lesquelles il a soufflé. Il n'y a plus de population à exploiter, les faibles débris des Numides et des Vandales se sont réfugiés dans les montagnes, sous le nom de Kabaïles ; les Arabes occupent les plaines, et quand bien même nous aurions 100 mille soldats en Afrique, nous ne pourrions tirer des populations vaincues, les avantages obtenus par les Romains.

Si donc on interroge l'histoire, avec la ferme et

probe volonté de rechercher des résultats, seuls enseignements dont on doive profiter, on demandera ce qu'est devenue la puissance romaine dans le nord de l'Afrique? Quelles traces on y trouve de cette Rome, la maîtresse du monde? Alors on constatera qu'il n'y existe plus que des *traces mortes*, *des ruines*, *quelques pierres...*

Le souffle de la destruction n'a pu balayer, anéantir les pierres, mais il a effacé toute *trace vivante* de ce peuple-roi et de sa civilisation.

En Afrique, il n'existe aucune famille à laquelle on puisse assigner une origine romaine, sans recourir à des étymologies équivoques, ou sans constater dans ces débris une absence complète de similitude avec ce qui fut romain.

En vain objecterait-on que, par la chute de Rome, sa puissance a dû crouler en Afrique : la puissance romaine a croulé partout ; mais en Espagne, en Angleterre, dans les Gaules et dans la Germanie, la Rome antique vit encore. Dans les Gaules surtout, on pourrait remonter, à la rigueur, jusqu'à l'origine des familles romaines qui s'y sont établies ; la législation et la civilisation romaines y existent ; il y a un peuple romain en France, de même qu'il y a un peuple franc à côté des débris des Gaulois.

Rien de semblable en Algérie ; on n'y rencontre que des Kabaïles qu'on présume être un mélange des anciens indigènes et des Vandales, puis les Arabes venus de l'Orient. La Rome intellectuelle, législative, y est absente, et l'on pourrait, à la rigueur, révoquer en doute les écrits des historiens qui nous parlent de la présence des Romains en Afrique, si des pierres n'attestaient leur passage, si de gigantesques ruines ne prouvaient que leur domination y a duré des siècles.

Ceux qui ne connaissent l'Afrique que par les livres, s'appuyant sur ce que ce pays fut jadis le grenier de l'Italie, croyent que les Romains y étaient forts et bien établis. Ils citeront au besoin les noms de vingt-six *colonies* romaines. Nous répondrons que le mot ancien de *colonie* n'avait pas la même acception que de nos jours; il signifiait *ville, cité.*

Les livres n'ont que des indications peu sûres pour quiconque n'a pas vu les choses avec un esprit d'analyse dépouillé de toute vue intéressée. Qui, en France, comprend la Bible, s'il n'a pas vécu avec les Arabes? Qui ne croit que Samson a ébranlé des colonnes pareilles à celles de la Bourse à Paris, ou du moindre de nos édifices? Qui comprend que le lit du paralytique guéri par Jésus-Christ n'était qu'une simple natte en jonc?

Ce que les livres n'enseignent pas, et ce que l'inspection des localités démontre, c'est que l'occupation des Romains n'a été de tout temps qu'une occupation militaire. En effet, l'Afrique est couverte de ruines, de forteresses; toutes ces ruines sont unies entre elles par des *voies* qu'on pourrait encore suivre aujourd'hui; sur toutes ces voies sont échelonnés, à de très courtes distances, des postes fortifiés, destinés à y assurer la circulation. Preuve évidente que les espaces qui séparaient ces colonies, ou plutôt ces villes, n'étaient pas habitées par un peuple ami. Les villes (*præsidia*) elles-mêmes étaient presque toutes bâties sur des points déjà fortifiés par la nature.

C'est, en définitive, sur cet ensemble de travaux, et sur ce réseau de communications fortifiées qu'était basée la puissance romaine. Ce système s'étendait jusqu'à 40 ou 50 lieues des côtes, en plein Sahara. Il avait évidemment pour but de maintenir sous l'obéissance de Rome les populations alors passablement nombreuses du nord de l'Afrique. C'était, comme nous l'avons dit, l'occupation militaire pure et simple (1).

Mais tout ce qui était Romain en Afrique, n'était pas militaire; la famille romaine y était à l'état d'exception.

On n'y trouvait que les familles des principaux officiers, des employés du fisc, de quelques patriciens et leurs nombreux esclaves. Cette assertion trouverait sa preuve dans les concussions impunies de presque tous les fonctionnaires.

Si l'Afrique n'avait pas été peuplée presque exclusivement d'esclaves, de peuples vaincus et ex–

(1) M. le genéral Duvivier a publié, en 1841, sous le titre de *Recherches et notes sur la partie au Sud de Guelma*, un remarquable mémoire qui confirme cette assertion.

ploités, les agents de Rome auraient-ils pu accomplir les dilapidations qu'on leur reprocha si vivement? Si un peuple romain avait habité l'Afrique, ces dilapidations effroyables auraient-elles été possibles, et seraient-elles demeurées impunies? Ne sait-on pas que Salluste lui-même, étant proconsul à Stora, y fit une fortune colossale?

Rome n'avait, en effet, en Afrique que des *proconsuls, des maltôtiers, des exploitateurs* et *des soldats*, elle n'y avait pas de peuple; où aurait-elle pris, en effet, des populations romaines pour les implanter en Afrique, pour peupler tous les pays qu'elle avait conquis et réduits en provinces romaines?

Rome a fait tout ce qu'elle pouvait faire; cependant, après sept siècles d'occupation, elle n'était pas encore installée dans cette Afrique, d'où elle a été effacée.

A quoi tient cet effrayant désastre? A quoi l'attribuer? Selon nous, à l'absence de populations romaines; à l'état permanent de l'occupation militaire.

Quand l'armée vaincue a disparu, tout a disparu avec elle, tout s'est écroulé. Un peuple n'aurait pu être effacé aussi complétement. Le peuple irlandais a-t-il péri sous l'oppression de l'Angleterre; les Grecs ont-ils disparu sous le sabre des Turcs; et le peuple du Canada n'est-il pas encore français?

Aveugles sont donc les hommes qui dirigent notre œuvre; n'ont-ils pas été frappés de ce silence de mort de Rome en Afrique, et la vue des ossements épars du colosse romain n'a-t-elle donc pour eux que de stériles enseignements ?

En Algérie, il n'y a plus rien à exploiter, si ce n'est la terre, par un travail opiniâtre. Ce n'est pas du blé que nous demandons à la terre d'Afrique, et nous n'avons plus d'esclaves pour la fertiliser, à moins qu'on ne considère l'armée comme une population d'esclaves, et comme sept années de servage, les sept années que les citoyens sont, en vertu de la loi de recrutement, tenus de consacrer à la *défense* de la patrie; mais nous avons en France un excédant de population à *attirer* plutôt qu'à *transporter* en Afrique; mais nous avons à former au delà de la Méditerranée une annexe de la métropole, une seconde France à toujours inséparable de la mère-patrie, en un mot, à créer en Afrique un peuple de *Français* et non un peuple d'*Algériens*.

Notre rôle est donc bien défini et nous ne saurions le fausser sans nous exposer à de cruels mécomptes.

Il y a donc folie à alléguer que nous ne devons pas nous plaindre de n'avoir pas achevé en peu d'années l'œuvre que les Romains ont mis des siècles à accomplir, *attendu*, dit-on, que nous sommes dans des circonstances analogues. (1).

Nous prétendons, au contraire, que c'est précisément de cette perte de temps que la France doit se plaindre, parce que nous ne sommes nullement

---

(1) Lettre d'un voyageur à son frère.

dans des circonstances analogues, ainsi que nous venons de le prouver

Il n'y a de même aucune analogie entre la situation de l'Algérie, et ce que l'on appelle aujourd'hui *colonies de la France*.

Aux Antilles, les indigènes ont disparu pour faire place à quelques planteurs, et à un nombre si exagéré d'esclaves que, si ce n'était le peu d'étendue territoriale de ces îles et les garnisons qu'y entretient la France, elles auraient depuis longtemps subi le sort de Saint-Domingue, où les esclaves, après avoir égorgé leurs maîtres, se sont rendus maîtres du pays.

En Algérie comme au Canada, il n'y aura ni maîtres ni esclaves; il n'y aura ni planteurs ni denrées coloniales, ce pays sera peuplé de Français et de quelques indigènes que nous ne pouvons avoir la pensée de détruire, et qui, comme nous le démontrerons plus tard, formeront à peine le cinquième de la population que le pays peut recevoir. Ce n'est ni chez les Romains ni dans nos colonies actuelles que nous devons chercher des précédens pour l'Algérie, mais bien au Canada, qui fut fondé avec une population française et les institutions de la mère-patrie (1).

C'est donc avec un vif sentiment de douleur que

---

(1) Les idées révolutionnaires de 89 eurent leurs cours au Canada, et forcèrent, en 1791, le ministre Pitt à accorder une constitution et un parlement aux Canadiens.

lors de la discussion des crédits supplémentaires, dans les séances de la Chambre des députés des 5 et 6 juin dernier, nous avons acquis la conviction que les députés qui se sont posés comme les défenseurs de l'Algérie sont restés sous l'empire des vieilleries coloniales, en déclarant qu'il ne pouvait être question pour les Français de l'Algérie de leur accession aux droits politiques. Ils ont déplacé la question en s'occupant longuement des colonisations militaire et administrative, de la ligne saharienne et de la colonisation éparpillée, etc., objets dont nous ferons ressortir plus tard l'importance secondaire pour ne pas dire nulle.

Mais avant de poursuivre notre argumentation, il est nécessaire, pour qu'elle soit bien comprise, de faire connaître la situation exacte de l'Algérie sous les rapports de sa population, de ses ressources financières et militaires et de la constitution de la propriété.

Les deux chapitres suivants seront consacrés à cette exposition.

CHAPITRE II.

Population de l'Algérie. — Ses ressources militaires, financières et commerciales.

Autrefois le nord de l'Afrique était couvert de villes; il n'en est plus de même en Algérie. Il n y existe que 9 ou 10 villes qui méritent ce nom et à peu près autant de bourgades bâties misérablement. La population y est tellement réduite que l'appréciation la moins inexacte de son chiffre soulève l'incrédulité quand on lit des bulletins qui représentent notre armée comme aux prises avec des ennemis sérieux et redoutables.

En cherchant ici à évaluer le chiffre probable de la population algérienne, l'armée comprendra que nous n'avons nullement le dessein de rabaisser sa gloire ni les immenses services qu'elle a rendus. Quand il a fallu combattre, elle l'a fait vaillamment sans compter les ennemis, et toujours elle a rempli ses devoirs avec un zèle et une abnégation qui ont surpassé de beaucoup ce qu'on pouvait raisonnablement attendre d'elle en présence des fatigues et des privations sans bornes qu'on lui a imposées.

Dès 1826, M. Shaler, consul américain à Alger, qui avait parcouru la Régence, alors que la guerre n'avait apporté aucune perturbation parmi les indigènes, et qui par conséquent avait pu mieux que personne faire une appréciation exacte, porte la population de la Régence à un million d'habitants. (*Esquisses sur l'Etat d'Alger.*)

M. le général Juchereau de Saint-Denis, qui fit partie de l'expédition, en 1830, dit que la population de l'Algérie s'élève à environ 800,000 âmes, ainsi répartie, savoir : 400,000 Maures, 200,000 Kabaïles, 120,000 Arabes nomades, et environ 80,000 Turcs, coulouglis et juifs. Nous croyons qu'il y a beaucoup moins de Maures et plus d'Arabes et de Kabaïles.

Malte-Brun, dans sa géographie, la porte aussi au chiffre de 800,000 âmes.

Bien que ces auteurs n'aient pas donné l'évaluation de la surface de l'Algérie, et fait connaître par conséquent la population spécifique, c'est-à-dire par lieue carrée, on peut cependant conclure de leurs assertions que l'Algérie est très peu habitée.

Mais voici quelques considérations qui fixeront mieux le lecteur à cet égard : dans l'*Annuaire du Bureau des Longitudes*, on trouve que les départements des Hautes et Basses-Alpes n'ont que 379 habitants par lieue carrée, et que la Corse n'en a que 380.

La péninsule hispanique, qui a plus de 48,000 lieues carrées de surface, n'a que 13,500,000 habitants, c'est-à-dire 287 par lieue carrée.

Or, pour qui a vu l'Espagne et l'Algérie, il est

incontestable que l'Espagne est de beaucoup la plus peuplée des deux contrées.

D'après les statistiques des Anglais, la moyenne de la population de leurs possessions dans l'Afrique ne dépasse pas 13 habitants par lieue carrée.

M. le lieutenant-colonel de Mirbeck, pendant quatre ans commandant du cercle de La Calle, a fait sur cette localité des études statistiques très soignées, qu'il a bien voulu nous communiquer ; il dit que la population entière de ce cercle est de 19,972 âmes. Mais, d'après la carte dressée par cet officier supérieur lui-même du territoire de son commandement, ce cercle a environ 201 lieues carrées (de 4,000 mètres), ce qui comporte un peu moins de 100 habitants par lieue carrée. Or, il faut remarquer que le cercle de La Calle est située dans la province de Bône, la plus fertile, la plus abondante en bois et en eaux, et conséquemment celle qui doit être la plus peuplée.

Enfin, M. le général Duvivier, dans son dernier ouvrage (1), porte la population moyenne de l'Algérie à 78 habitants par lieue carrée. Ce chiffre, obtenu par l'honorable général, à la suite de longues et consciencieuses observations faites dans les provinces d'Alger et de Bône, est loin d'être exagéré en moins; et notre opinion est que, sans erreur, on pourrait le diminuer encore.

En effet, si on a remarqué l'extrême difficulté d'é-

(1) Solution de la question d'Alger.

lever les enfants en Algérie et l'effrayante mortalité qui a frappé ceux nés depuis 1830, même dans les villes où ils sont abrités contre les intempéries et où les secours de la médecine ne leur ont pas manqué, on comprendra que le chiffre de la mortalité doit être plus élevé dans les tribus où ils vivent entièrement nus, presque sans soins, sans secours médicaux, et sans autre abri que des tentes ouvertes à tous les vents ou des bouges infects construits en terre battue.

Qu'on fasse entrer en ligne de compte la misérable condition des femmes, qui, chez les Arabes et les Kabaïles, servent de bêtes de somme pour aller à la provision d'eau et de bois, et qui sont chargées spécialement des travaux domestiques les plus grossiers et les plus pénibles, ainsi que nos troupes l'ont vu si fréquemment, on se convaincra que rarement les enfants peuvent naître avec une constitution assez forte pour résister à tant de causes de mortalité.

Or, les femmes indigènes, quoique nubiles à douze ou treize ans, sont peut-être moins fécondes que dans d'autres contrées ; vieilles et repoussantes à trente ans, elles sont délaissées des hommes. La syphilis, héréditaire chez ces peuples faute de moyens curatifs, et les maladies cutanées sont aussi des fléaux qui tarissent chez un grand nombre de sujets les facultés génératrices, et si l'on ajoute à ces causes un monstrueux libertinage très répandu chez les Orientaux, on se fera une idée assez juste non-seulement de tous les obstacles qui s'opposent à l'augmentation de la population, mais des causes qui la déciment d'années en années.

Sans doute, les hommes qui atteignent l'âge viril sont forts et bien constitués; sans doute ils deviennent des guerriers redoutables; mais c'est l'exception, car tous les enfans qui naissent faibles, rachitiques et scrofuleux, et le nombre en est grand, ne peuvent résister à la rude vie nomade, et périssent généralement dans la première année de leur âge.

La constitution physique actuelle du pays comporte également un petit nombre d'habitants. Dans la province d'Oran, Saïda, situé sur la limite du Sahara, n'est qu'à 30 lieues de poste (1) du littoral; Tekedempt, Tazza et Boghar, qui sont dans le Tell (2), contrée où les Saharaouï (habitants du

---

(1) Nous compterous toujours par lieue de poste de 4,000 mètres.

(2) Le Tell (*Tellus terre*) est la zone comprise entre la mer et le Sahara. Elle a moyennement 30 lieues de profondeur. Au sud du Tell les céréales ne croissent plus.

La ligne saharienne, c'est-à-dire la ligne des postes destinés à dominer les marchés d'échange entre le Sahara et le Tell, se compose 1° de *Sebdou* sur la haute Tafna, à 25 lieues de poste (ou de 4000 mètres) à vol d'oiseau de la mer; 2° de *Saïda* sur les sources de l'Oued et Hammam, à 30 lieues de poste de Mostaganem; 3° de *Thiaret* sur la haute Mina, à la même distance de la mer; 3° de *Boghar et Teniet et Had*, qui ne sont qu'à 25 lieues de poste du littoral. Cette ligne se rapproche encore du littoral au sud de Médea, où l'on trouve le marché saharien du *Djendell.* Dans la province de Constantine, *Msila*, bourgade en plein Sahara, n'est qu'à 32 lieues de poste au sud de Bougie. (Toutes ces distances sont mesurées sur la carte du dépôt de la guerre de 1843.)

Il est évident, dès lors, que le Tell, au sud duquel les céréales ne croissent plus, n'a nulle part plus de 30 lieues de poste de profondeur.

On remarque que Biscara, en plein Sahara, situé à 68 lieues de poste

Sahara), viennent chaque année s'approvisionner des grains dont ils manquent, ne sont pas à plus de 25 ou 30 lieues du littoral; et cependant aux approches de ces bourgades, l'eau est rare au point que nos colonnes ont dû s'approvisionner d'outres, et qu'au dire de M. le maréchal Bugeaud lui-même, on fait jusqu'à 18 lieues sans rencontrer une source. Sont-ce là véritablement des conditions favorables à l'établissement et à l'augmentation des populations?

Au sud de Constantine, il est vrai, la largeur du pays à céréales est plus considérable; mais cela tient à ce que la côte tunisienne descend brusquement au sud d'environ 100 lieues, ce qui fait que le sud de la province de Constantine n'est qu'à 30 ou 40 lieues du littoral; cependant le bois et l'eau n'y étant pas communs, les habitants n'y sont pas agglomérés comme en Corse, ou même en Espagne.

Dans notre dernier ouvrage, l'*Algérie prise au sérieux,* nous avions évalué la population spécifique du Tell de l'Algérie à raison de 50 par lieue carrée;

---

au sud de Gijelli, est sur la même latitude que Tlemcen, qui n'est qu'à 12 lieues du littoral. La côte, depuis La Calle à Alger, se maintient fort près du 37e degré de latitude que dépasse au sud *Gibraltar* et *Almeria* sur le territoire espagnol, mais d'Alger à la Tafna, cette côte descend au sud d'environ un degré et demi, soit de 45 à 50 lieues de poste. Oran est à 30 lieues plus au sud qu'Alger et sur la même latitude que *Msila*, bourgade saharienne. Ces observations nous amènent à conclure que le Tell du Maroc est encore plus étroit que celui de l'Algérie, et que la population doit y être moindre : elle doit donc à peine atteindre un million d'habitants, au lieu de huit qu'on lui accorde si généreusement.

mais pour ne point être taxé d'exagération, en moins, nous adopterons le chiffre de M. le général Duvivier, savoir : une moyenne de 78 habitants par lieue carrée, bien convaincus que si ce chiffre est dépassé dans les montagnes voisines du littoral, il est bien au-dessus de la réalité dans plus de la moitié du pays.

En donnant à l'Algérie 250 lieues de longueur, nous exagérons d'environ 30 lieues; en lui donnant 40 lieues de profondeur moyenne, nous dépassons la limite du Sahara d'environ 10 lieues dans les provinces d'Oran et de Tittery, ce qui compense suffisamment l'erreur que nous pourrions commettre en moins dans la province de Constantine.

Or, 250 lieues de longueur sur 40 de largeur donnent pour le Tell une surface de 10,000 lieues carrées, c'est-à-dire à peu près un tiers de la France entière et une population totale de 780,000 habitants.

Ce chiffre, résultat de recherches sérieuses, est presque celui de Malte-Brun, de M. Juchereau de Saint-Denis, et se rapproche de ceux de M. Shaler et de M. le lieutenant-colonel de Mirbeck. Tout nous porte donc à le considérer comme le plus près de la réalité.

Comment dès lors concilier ce chiffre avec celui de 8 millions produit par M. le maréchal Bugeaud dans son discours aux autorités algériennes, lors de sa promotion au maréchalat, et accepté comme véritable au ministère et en France? Si on l'admet, on obtient une population de 800 habitants par lieue de poste carrée, c'est-à-dire plus nombreuse que la population spécifique des départements suivants : Vendée, Gers, Indre-et-Loire, Creuse, Yonne, Loiret, Drôme, Aude, Côte-d'Or, Cantal, Var, Nièvre, Allier, Vienne, Marne, Aveyron, Aube, Haute-Marne, Pyrénées-Orientales, Loir-et-Cher, Cher, Indre, Landes, Lozère, Corse, Hautes et Basses-Alpes.

Si on porte la population du Tell au chiffre 4 millions adopté par M. de Corcelles dans son discours du 5 juin à la Chambre des Députés, on obtient pour population spécifique, c'est-à-dire *moyenne par lieue carrée*, le nombre 400, d'où il suivrait que dans le Tell ou l'Algérie proprement dite, les habitans seraient plus nombreux qu'en Corse, que dans les départements des Hautes et Basses-Alpes, et en quantité à peu près double de la population de l'Espagne.

Mais, encore une fois, cette évaluation est inadmissible.

780,000 est donc le chiffre de la population du Tell algérien, et il n'est pas permis de le dépasser sans tomber dans une exagération palpable.

Quant au Sahara; M. de Corcelles, d'après des renseignements recueillis *verbalement* chez les Arabes, et communiqués par quelques membres d'une commission scientifique, le couvre de villes et de bourgades, puisqu'il en compte 28 seulement dans la partie au sud de la province de Constantine; mais nous rectifierons ces *ouï-dire* par les propres termes du discours de l'honorable député : Il dit :

« Le sud du Tell, c'est le Sahara algérien ; il « comprend 17,000 lieues carrées *où les eaux* « *deviennent de plus en plus rares* à mesure que l'on « s'avance entre le 31e et 32e degré de latitude (1). »

« *Là où il y a des eaux* dans le Sahara algérien, « il existe des oasis, dont les populations sont à la « fois *plus sédentaires et plus nomades* que celles « du Tell : *elles sont aussi plus civilisées*. On y ren- « contre un plus grand nombre de ville et de bour- « gades, et autour d'elles des pasteurs qui doivent « chercher sur de *plus grands espaces* la nourri- « ture de leurs troupeaux. Les villes du Sahara sont « l'entrepôt nécessaire de tous les approvisionne- « ments de la population rurale (2). Elles cultivent

---

(1) Ce n'est pas entre le 31 et 32e degré de latitude que les eaux commencent à être rares, mais dès le 35e degré, dans la province d'Oran, et entre le 36 et 35e dans les provinces de Titeri et de Constantine.

(2) Nous pensons que M. de Corcelles confond les mots *ville* et *oasis*, et qu'il n'est pas bien fixé sur ce qu'il appèle la population rurale du Sahara ; il convient que dans les oasis seulement, il y a de l'eau. Ailleurs, il n'y en a pas ; donc ailleurs, il ne saurait y avoir de population autre que quelques pasteurs venant des oasis.

Ce n'est pas sans surprise que nous l'avons vu attribuer à l'oasis de Biscara 103 mille habitants, et se montrer aussi large envers les autres. C'est presqu'un département de la France.

Il paraît avoir oublié que l'Emir n'a jamais pu faire subsister sa Smala dans le Sahara, et qu'il a été obligé de s'exposer à nos coups en restant sur la limite sud du Tell, c'est-à-dire à 30 lieues du littoral, retenu qu'il était par la nécessité de l'abreuver dans les ruisseaux à demi-desséchés de l'Oued Taguin, du haut Cheliff, de la haute Mina, des sources de l'Oued el Hammam, et en dernier lieu de la haute Tafna.

« des jardins, récoltent des dattes et fabriquent des « tissus, dont l'échange ne peut avoir lieu qu'au « nord. »

« Les habitants des oasis n'obtiennent pas chez « eux les céréales en quantité suffisante, et c'est dans « le Tell que ce besoin peut être satisfait. »

« Mais voici une troisième nécessité qui pousse « les populations du sud vers le territoire occupé « par nous. Chaque année, vers la fin de mai, les « herbes manquent aux troupeaux ; les pasteurs « sont obligés de partir pour trouver des pâtu- « rages au nord dans le Tell. »

Ainsi, dans le Sahara, il n'y a presque pas d'eau, point de blé et des pâturages arides. On récolte seulement des dattes et quelques légumes dans les oasis.

Ce ne sont pas là les conditions d'existence d'une population nombreuse. Conséquemment, nous croyons être large en comptant pour le Sahara 200 mille habitants, lesquels ajoutés à la population du Tell complètent le million annoncé par Shaler.

Dans l'avenir, sans doute, mais dans un avenir très lointain, ces contrées pourront se peupler davantage; car si nous avons le soin de reboiser le pays au fur et à mesure que nous nous avancerons vers le sud, nous obtiendrons à coup sûr le même résultat qui a couronné les immenses plantations d'arbres de Mehemet-Ali en Egypte, c'est-à-dire des pluies abondantes et régulières dans des régions ou de mémoire d'homme on n'avait vu tomber une goutte d'eau, et par conséquent le rétablissement de sources nombreuses et de ruisseaux considérables sur cette terre aride et brûlée par le soleil.

Mais revenant au chiffre de la population indigène du Tell, que nous avons prouvé ne pas dépasser 7 à 800,000 âmes, quelle que soit la profondeur qu'on suppose au pays, il faudra, pour obtenir le nombre des hommes valides, retrancher de ce chiffre une moitié pour les femmes, et au moins un tiers de ce qui reste pour les enfants et les vieillards, ce qui donnera 266,000 hommes valides répartis sur une surface de 10,000 lieues carrées, c'est-à-dire 26 par lieue carrée; mais plus de la moitié de ces hommes valides sont spécialement employés aux travaux de l'agriculture et à la surveillance des troupeaux. Dans le nombre même de ceux qui sont armés, une bonne partie ne marche point aux ordres des chefs, et reste dans les tribus pour la protection des femmes, des enfants, des troupeaux, pour la défense du foyer contre les agressions des tribus voisines.

A quoi va donc se réduire dans toute l'Algérie le nombre d'hommes armés disponibles? A peine au quart de 266,000, c'est-à-dire 66,000.

Si en outre l'on considère que la population indigène est répartie à peu près ainsi qu'il suit : quatre huitièmes de Kabaïles, trois huitièmes d'Arabes, un huitième de Turcs, Coulouglis, Maures et Juifs, et que le dernier huitième ne combat pas contre nous, il faudra encore défalquer de ces 66,000 combattants environ 8,000 hommes; restera donc 58,000 hommes disponibles, c'est-à-dire 6 par lieue carrée.

Qu'on ne vienne point ici taxer d'exagération en moins, cette évaluation des hommes disponibles, et que celui qui le ferait nous dise dans quel pays au monde l'homme ne s'impose pas comme premier devoir la conservation de sa famille et de ses biens. Est-ce le peuple de Moscou qui a incendié ses foyers? Et si l'impitoyable main de Rostopchin n'avait pas employé à cette œuvre, qu'on ne sait encore comment qualifier, la population des bagnes et des prisons, se serait-il trouvé dans le peuple moscovite un homme capable d'un aussi grand détachement des biens de ce monde?

Sous ce point de vue, l'Arabe ne sacrifie point sa famille et ses biens, même à la guerre sainte.

Actuellement, faisons connaître le rôle actif de ces 58,000 hommes disponibles : les 33,000 Kabaïles ne combattent jamais en plaine; car ils sont à pied et redoutent au dernier point la cavalerie française; ils sont constamment restés dans leurs montagnes, et n'ont jamais porté les armes que pour la défense de leur territoire quand nous l'avons traversé. La guerre que les Kabaïles nous ont faite s'est bornée à des attaques impuissantes contre Bougie, Philippeville, Cherchel, Gigelli, Blida et Miliana, parce que ces villes sont en plein territoire kabaïle, presque à portée de fusil de ces montagnards, dont les succès militaires n'ont guère consisté qu'en des assassinats de sentinelles ; leurs hostilités n'ont jamais été qu'une pure et simple protestation contre la violation de leur territoire.

Ce ne sont donc pas là les ennemis qui auraient pu compromettre depuis 1840 notre conquête, et qui ont motivé l'augmentation de l'armée jusqu'au chiffre énorme de 80,000 hommes.

La force réelle du pays, celle que nous n'avons pas encore atteinte, ce sont les Arabes, les cavaliers arabes, dont le nombre est d'environ 25,000 dans toute l'Algérie. Mais la province de Constantine égale en étendue à celles de Tittery et d'Oran réunies, contient au moins 10,000 de ces cavaliers, dont n'a pu disposer l'émir.

En résumé, le recrutement arabe consiste en 6 hommes disponibles par lieue carrée, et la puissance d'Abd-el-Kader ne repose que sur une cavalerie irrégulière, dont tous les efforts viennent se briser contre un blockhaus défendu par 30 hommes ou contre un bataillon carré.

Evaluons actuellement les ressources de l'impôt sur les Arabes, en nous basant sur le chiffre de 800,000, attribué à la population indigène, d'après les recherches consciencieuses que nous avons exposées précédemment.

Si on admettait que l'impôt en Algérie pût produire, comme en France, une moyenne annuelle de 40 fr. par tête, on obtiendrait une somme totale de 32,000,000 ; mais en Algérie, il n'y a ni portes ni fenêtres à imposer, ni droit de timbre, ni aucune contribution indirecte à espérer, ni droits de douane pour les provenances par terre de Tunis, de Maroc et du Sahara. L'impôt se réduira forcément à l'impôt foncier ou à quelque taxe équivalente, qu'on ne peut guère évaluer qu'au cinquième de la somme ci-dessus mentionnée, c'est-à-dire à 6,400,000 fr., en supposant encore qu'on puisse en régler l'assiette régulièrement, le percevoir *partout*, et que les fonctionnaires arabes, auxquels nous en accordons le tiers pour frais de perception, nous en rendent compte fidèlement, ce qui jusqu'à présent n'a jamais eu lieu.

L'impôt sera donc en définitive une somme totale de 4,300,000 francs, dont la perception sera peut-être un problème insoluble et plus propre à perpétuer les hostilités dans le pays qu'à y prouver notre souveraineté. Du temps des Turcs, l'époque de la perception de l'impôt était le signal de la guerre; on ne le levait que les armes à la main ; les faibles se soumettaient, les forts résistaient et ne payaient pas ; les Kabaïles n'ont presque jamais rien payé. Aussi le revenu, du temps du dey d'Alger, était à peine d'un million de francs, c'était la piraterie qui était le principal revenu du pacha, et une des nécessités de son existence.

Telles sont les ressources à attendre de l'impôt en Afrique; elles sont aussi insignifiantes que celles du recrutement. Comment dès lors accepter comme fondée l'assertion de M. le maréchal Bugeaud consignée dans sa brochure, page 11, *qu'en maintenant l'armée au chiffre de* 80,000, *on arrivera à la faire vivre et à la payer avec les ressources qu'on arrachera aux Arabes?*

N'était-il donc pas plus simple, avant de poursuivre des chimères, d'examiner si réellement l'impôt était quelque chose qui pût compenser nos sacrifices, et si le recrutement arabe était pour l'émir une ressource aussi formidable qu'on pouvait le croire.

On a dit fort souvent que si on ne faisait pas une guerre active à l'émir, il aurait bientôt organisé une armée nombreuse avec laquelle il nous chasserait de l'Afrique. Cette assertion ne peut soutenir l'examen, après les preuves que nous venons de donner de la faiblesse des ressources de la population arabe en hommes et en argent.

Pour créer une armée capable de nous chasser, il faudrait douer les femmes arabes de la fécondité des carpes; il faudrait qu'en quelques années l'émir disciplinât cette génération, qu'il créât des ressources immenses, en moins de temps que n'ont pu le faire les plus grands législateurs. Il faudrait que de notre côté nous fussions condamnés à rester stationnaires ou à rétrograder; toutes conditions impossibles à admettre.

L'Algérie est peuplée de tribus indépendantes

les unes des autres qui ne soupçonnent pas même la centralisation; conséquemment, bien que l'émir ait disposé de 15 mille cavaliers arabes environ, il n'a jamais pu, sur un même point, rassembler un effectif déterminé à l'avance. En France, un ordre parti de la rue Saint-Dominique suffit pour concentrer, sur un point quelconque de la France, un corps d'une force donnée; il n'en est pas de même en Algérie. Les ordres écrits ou verbaux d'Abd-el-Kader n'auraient aucun résultat; c'est pourquoi il a formé une *smala*, c'est-à-dire une agglomération de tribus qui lui fournissent de 5 à 600 cavaliers. Cette smala le suit partout, afin qu'il puisse en tout temps la protéger, condition sans laquelle il ne pourrait disposer des combattants. A l'aide de ces 5 ou 600 cavaliers légers et bien montés, il se transporte rapidement sur les territoires dont il veut rassembler contre nous les populations, qui, en présence de cette troupe d'élite, sont forcées de prendre les armes. C'est avec la même promptitude qu'il tombe brusquement et toujours impitoyablement sur les tribus qui ne nous ont pas opposé de résistance et ont fait acte de soumission.

La smala de l'émir peut le suivre avec rapidité; car elle est abondamment pourvue de moyens de transports, qu'il complète toujours aux dépens des tribus.

Avec ses 500 cavaliers, il ne peut néanmoins rassembler contre nous que les hommes des localités sur lesquelles il se trouve; car les Arabes ont une répugnance invincible à s'éloigner trop de leurs douars, qu'ils laisseraient alors sans protection. C'est ce qui fait que l'émir n'a jamais paru devant nous, avec plus de 3 ou 4,000 cavaliers, très souvent avec beaucoup moins, et qu'il n'a jamais combattu dans la province d'Alger, avec les contingents des provinces d'Oran, de Tlemcen, et réciproquement.

Lui et ses cavaliers sont dispensés de l'embarras des convois de vivres et des mille nécessités que nos troupes exigent; car ils obtiennent de force, partout où ils sont, les vivres pour eux et leurs chevaux.

Néanmoins, comme l'émir n'est pas doué de l'ubiquité, il a fait choix, dans les diverses provinces, des hommes les plus riches, les plus distingués comme guerriers, les plus influents comme marabouts, et les a institués ses khalifa (ses lieutenants). Les khalifa ont formé chacun une smala comme celle de l'émir, pour agir sur les populations.

Mais il était difficile, avec de la cavalerie seulement, d'avoir une action efficace dans les pays de montagnes; alors l'émir créa quelques bataillons d'infanterie (asker), qu'il employait spécialement pour lever l'impôt chez les Kabaïles et les forcer à nous attaquer, quand nous avions à traverser les montagnes; mais pas plus que les cavaliers des tribus, il n'a pu dépayser ces montagnards pour les conduire au combat contre nous, surtout en plaine, où ils auraient été facilement atteints par notre cavalerie.

Telle est en résumé l'organisation militaire de l'émir, organisation qui, comme on le voit, n'a rien de commun avec la nôtre; et où les idées de tactique sont inconnues.

La guerre que l'émir et ses khalifa nous font est l'excitation du fanatisme des populations contre les Français, un harcellement continuel de nos colonnes plutôt qu'une série de combats contre des troupes régulières que nous pourrions anéantir sans peine si elles tenaient au feu. Or, les sympathies des Arabes et des Kabaïles ne sont pas pour nous, infidèles et mécréants (*Roumis*, Romains, chrétiens), pour nous qu'ils ne connaissent que par nos *razzias*. C'est donc, en réalité, les différences de civilisation, de mœurs, de langage et de croyances religieuses, qui sont nos principaux ennemis en Afrique, et non les quelques milliers d'hommes que l'émir traîne à sa suite.

Comme nous l'avons dit, les Kabaïles, sédentaires dans leurs montagnes, ne descendent jamais armés dans les plaines. N'allons pas les inquiéter chez eux, et ils ne seront pas des ennemis dangereux. Ils sont désireux d'échanges et de commerce; ils viendront sur nos marchés; laborieux et intéressés, ce sont eux qui nous ont fourni des garçons de labour, au meilleur prix, dans nos fermes d'Afrique. Il est donc sage de les attirer par l'intérêt plutôt que de chercher à les soumettre par une guerre dont l'issue est difficile à prévoir.

Quand ils seront riches, ils sentiront le besoin d'une protection plus efficace que celle de leur civilisation actuelle, et ils se rapprocheront d'eux-mêmes de nous.

Le principal, le seul ennemi que nous ayons à combattre, c'est la cavalerie arabe et la smala de l'émir; ce sont ses khalifats et leur cavalerie.

Or, le bon sens indiquait comme seul moyen efficace, pour atteindre ces cavaliers, de former une nombreuse et mobile cavalerie, et de n'avoir d'infanterie que comme exception. C'étaient 20,000 chevaux qu'il nous fallait en Algérie et seulement 20,000 hommes d'infanterie pour occuper les villes du littoral et les autres points de l'intérieur.

Avec 20,000 hommes de cavalerie *française* toujours disponibles, on aurait pu lancer, dans toutes les directions des colonnes, de 2 à 3,000 cavaliers, auxquelles on aurait adjoint 4 ou 500 hommes d'infanterie, montés sur des mulets affectés à ce service spécial, mode qui a parfaitement réussi à M. le général d'Uzer dans la province de Bône; on n'aurait pas eu besoin de convois, on aurait vécu sur les tribus; car nos colonnes, au lieu de faire péniblement 4 ou 5 lieuespar jour, d'être inévitablement vues longtemps d'avance par les populations qui fuyaient avec leurs troupeaux et leurs ressources, auraient couru le pays assez rapidement pour que la retraite des tribus fût impossible.

Dès le début de la campagne on aurait ruiné la smala, les ressources de l'émir et de ses khalifats ; on aurait pu donner aux tribus une *protection réelle et efficace*, en échange de l'impôt et de la soumission qu'on exigeait d'elles.

Mais la plupart de nos généraux d'Afrique, étrangers au service de la cavalerie, ne comprenant pas sa supériorité dans une pareille guerre, n'en ont pas tiré le meilleur parti possible. En 1841 et 1842, on s'en est servi comme de convoyeurs ; on a chargé les chevaux de sacs et transformé les chasseurs en muletiers ; on a donc mis hors de service les hommes peu habitués à marcher, les chevaux blessés par une charge insolite, et les harnachements qui n'ont pas la résistance des bâts. Aussi notre cavalerie ne pourrait-elle mettre à cheval, par régiment, plus de 500 hommes qui, forcément attachés aux lourds convois où sont leurs moyens d'existence, sont d'ailleurs paralysés par leur petit nombre dans les vives actions de la guerre.

Il y aurait du reste une question d'humanité à substituer la cavalerie à l'infanterie ; car les cavaliers, moins exposés aux fatigues, aux maladies, fournissent, proportionnellement à leur nombre, infiniment moins d'hommes aux hôpitaux.

Abd-el-Kader n'est pas détruit : il a encore ses 5 ou 600 cavaliers et une nouvelle smala ; seulement il n'a plus d'action sur les tribus que nous contenons ; mais que nous cessions de parcourir le pays avec nos pesantes colonnes d'infanterie, l'émir, qu'on poursuit en vain sans pouvoir l'atteindre, reparaîtrait au milieu des tribus laissées à découvert, et toute son influence y renaîtrait à l'instant. Une cavalerie plus nombreuse nous garantirait seule contre ses apparitions, auxquelles nous devons encore nous attendre. Sans une cavalerie suffisante, nos expéditions seront toujours des questions de convois ; avec des convois nous avons été partout où nous avons voulu, et la victoire est restée fidèle aux convois ; sans convois la victoire nous a toujours abandonnés, telle sera la guerre continuée en Afrique avec de l'infanterie.

Il est donc urgent de modifier profondément le système de guerre en Afrique, afin de donner aux résultats obtenus plus de solidité, avec moins de sacrifices en hommes.

Dans l'origine de la conquête, alors qu'on n'était pas encore éclairé sur l'impuissance du peuple arabe, la guerre se concevait ; on croyait avoir affaire à un ennemi qu'on pourrait battre et amener à capitulation. Mais du moment qu'on s'est aperçu que cet ennemi était le peuple arabe tout entier, depuis le vieillard jusqu'à l'enfant, c'est l'œuvre de la destruction qu'on impose à l'armée, la destruction dans tout ce qu'elle a de plus affligeant, de plus hideux.

Par le feu on détruit les retraites, les ustensiles de ces malheureux, par le fer on coupe les arbres, on égorge les bestiaux et quelquefois des femmes. Le soldat, aigri par les souffrances qu'on lui impose, devient cruel. Nous ne l'accusons pas cependant : comment veut-on qu'il ait quelque sentiment de pitié quand on lui ordonne la dévastation et qu'on lui met des mèches incendiaires à la main? Puis après on reçoit à merci quelques malheureux scheiks qui demandent à faire leur soumission ; on exige *un otage* ; cet otage consiste en un mauvais cheval, garantie *unique* mais *essentielle* de la soumission. Il y aurait de l'atrocité dans cette conduite, si elle n'était pas si puérile.

Cependant le pays s'épuise insensiblement ; partout où passent nos colonnes, le bois est détruit, les tribus ne cultivent plus que pour leurs stricts besoins. Dans ces continuels déplacements, dans ces marches forcées, un grand nombre de bestiaux succombent ; les chemins par lesquels s'enfuient ces malheureuses populations sont tracés par l'innombrable quantité de veaux, d'agneaux et de chevreaux qui n'ont pu suivre et que ramassent nos soldats ; les tribus ne font plus d'élèves, la reproduction devient impossible. On ne voit pas qu'en détruisant les ressources des Arabes, nous détruisons infailliblement celles de notre armée. Que livrera-t-on à la colonisation, si ce n'est un pays dévasté?

Nos lecteurs sont actuellement bien convaincus :

Que la population de l'Algérie, non compris le Sahara ne dépasse pas une moyenne de 78 ou 80 habitants par lieue carrée.

Que le recrutement et les ressources militaires des

Arabes sont si faibles et ont si peu de chances d'augmentation, que le plus habile de nos généraux ne voudrait accepter aucune mission de guerre, si on le réduisait à de tels moyens d'action.

Qu'enfin leurs ressources financières sont à peu près nulles ; que l'impôt sur les Arabes est une goutte d'eau dans l'océan de notre budget.

Ce n'est donc pas avec les Arabes que nous peuplerons nos départements algériens. Les indigènes ne couvrent le sol qu'à raison de 78 par lieue carrée, tandis que c'est au moins 500 habitants sur un même espace que nous devons installer. Il y a donc sur chaque lieue carrée, habitée par les indigènes, place pour 420 Français de plus, c'est-à-dire pour 3 à 4,000,000, sur les 10,000 lieues carrées que nous attribuons au *Tell ;* car apparemment les Français ne se feront pas de sitôt Sahariens.

Or, nous avons en France ces 3 à 4,000,000 de Français qui ne demandent pas mieux que de changer de climat sans changer de patrie. C'est donc avec *des Français que nous avons* qu'il faut peupler l'Algérie, et non avec des *indigènes qui nous manquent* et qui, en raison de leur petit nombre, doivent être mis un peu en dehors de nos combinaisons d'avenir, laissant au temps la tâche de nous les assimiler, ou de les éloigner sans combat.

Le commerce avec les Arabes ne peut offrir que des ressources bien faibles en compensation des sacrifices que fait la France. Les populations du Tell nous donnent des bœufs, de la laine, quelque peu de cire et de l'huile en échange de fer anglais et de calicots; ceux du Sahara des dattes et des étoffes faites avec la laine importée du Tell (1); mais on comprend que peu nombreux, le peuple Arabe ne pourra jamais produire et consommer suffisamment pour alimenter un commerce considérable, et que c'est à nous à préparer des éléments plus sérieux d'échange au moyen du peuple agricole que nous pouvons jeter en Algérie (2).

---

(1) *Du commerce de l'Algérie*, par M. le capitaine Carette, page 14.

(2) Ce n'est point par oubli que nous ne parlons pas de la remarquable publication de M. le capitaine Carette sur le *Commerce avec l'Afrique centrale*. Sans repousser les chances futures d'échanges avec le Sahara, avec l'intérieur de l'Afrique même, nous pensons que la préoccupation de cet avenir commercial peut nuire à des intérêts plus pressants, *ceux de la colonisation et du commerce futur du Tell avec la France*, lesquels, comme nous le démontrerons dans le chapitre de la colonisation, sont bien autrement positifs que les espérances caressées par l'imagination dorée et peut-être trop active des Français.

Si on a lu attentivement, dans le chap. I (pages 6 et 7), la citation empruntée à M. Louis Blanc, on y a vu quelles folies et quels désastres ont produits ces espérances commerciales pour le Brésil, Rio-Janeiro et le Paraguay, et cependant, tout cela n'arriva que d'après des renseignements donnés comme certains.

Du reste, l'*Akbar* (journal d'Alger) du 30 juin dernier, s'empresse de confirmer notre crainte. On y exprime l'espérance de trouver un débouché pour nos vins à Tombouctou! vins qui devraient être transportés à dos de chameaux, pendant plus de 70 jours de marche, au travers de mers de sable. Qui sait si on ne plantera pas de la vigne pour satisfaire à ces besoins présumés?

Nous ne pouvons donc que prémunir nos lecteurs contre ces cartes chargées de noms et faites sur renseignements. Qu'était *Boufarik* en 1832? que sont encore *Bir-Ettouta*, *l'Arba*, etc., etc., si ce n'est des noms de localités sans une chaumière? et pourtant, en France, on les prenait pour noms de villes et de villages arabes.

L'assimilation de l'Algérie à la France est donc possible immédiatement, puisque c'est la France qui doit lui fournir sa population : nous prouverons plus tard que c'est le moyen le plus énergique de peupler promptement notre conquête.

Si on a bien compris tout ce qui a été dit dans ce chapitre, on en déduit tout naturellement la conséquence que les discussions stratégiques sur la ligne *saharienne*, sur la ligne du Tell sont oiseuses et sans importance pour le moment, parce que jamais les Arabes, ni Abd-el-Kader, en aucune circonstance, n'ont pu mettre un instant en danger notre possession de l'Algérie ; parce que des ennemis qui échouent devant la moindre maison crénelée, faute de canon, d'expérience et de discipline, et peut-être encore à cause de leur nombre très restreint, ne pourront jamais reprendre nos places algériennes.

Le danger ne viendra jamais du sud, mais du nord, mais *de la mer*, et, comme militaire, nous avons lieu de nous étonner de l'aveuglement du gouvernement, qui, s'acharnant à la poursuite d'un ennemi fantastique, perd un temps précieux pour conjurer le danger réel qui menace l'Algérie.

Mais nous réservons cette question pour le dernier chapitre.

CHAPITRE III.

De la propriété en Algérie.

Le rapport de la grande commission d'Afrique, rassemblée depuis trois ans pour étudier la législation à donner à l'Algérie quant à la propriété territoriale, n'a point atteint le but que devait se proposer le gouvernement.

Ce rapport ne concerne que l'étendue des terres qui ont été ou qui sont présumées avoir été l'objet de transactions entre indigènes et Européens, et laisse en dehors tout le reste du pays.

Or, le territoire dont elle s'est occupée, ne dépasse pas 100 lieues carrées d'étendue, tandis que le territoire entier du Tell de l'Algérie est évalué à plus de 10 mille lieues carrées, conséquemment plus de 9,900 lieues carrées restent et resteront encore longtemps sans doute sans organisation, comme si le nombre des acquéreurs et des émigrants devait subir un long temps d'arrêt.

Il est vrai que ce temps d'arrêt aura forcément lieu, parce que le ministère de la guerre a déjà manifesté, dans un projet d'ordonnance, l'intention de prohiber toute acquisition en dehors de certaines limites fort restreintes.

La commission a déclaré que, dans la discussion au sujet des 9,900 lieues carrées qu'elle délaisse, les raisons alléguées *pour* ou *contre* la décision à intervenir avaient une si grande valeur, qu'elle n'a pu conclure et qu'elle remet à d'autres temps l'avis qu'elle donnera.

Mais comment, alors, a-t-elle pu prononcer avec connaissance de cause dans la question des 100 lieues carrées achetées pour des Européens ? Il nous semble que le même doute aurait dû se présenter pour ces 100 lieues carrées que pour le reste du pays. Il eût donc été plus sage d'ajourner cette question jusqu'à sa complète élucidation.

Néanmoins, la solution est urgente, car on ne peut plus entraver le cours des événements : avant peu, l'Algérie sera France. Il faut donc que cette question soit mise à l'étude d'une manière plus sésérieuse et plus suivie que cela n'a eu lieu jusqu'à présent.

A notre avis, la préoccupation dans laquelle les législateurs se maintiennent, savoir : qu'il faut a l'Algérie des institutions exceptionnelles, le régime des ordonnances et des arrêtés est une cause permanente d'impossibilité dans l'obtention d'un résultat rationnel quelconque ; cette préoccupation funeste conduit également tous les publicistes dans le dédale des projets inexpérimentés ; chacun d'eux formule son Code sans songer que nous avons en France un état social et des lois sanctionnés par l'expérience des siècles et par de sanglantes épreuves ; chacun d'eux oublie que la légalité est le besoin de l'époque actuelle, et que l'absence de légalité soulèvera sans cesse des conflits essentiellement contraires au progrès. Considéré sous ce point de vue, le travail de la commission est incomplet, et ne peut donner lieu à aucun règlement, car ce qui sera décidé ultérieurement pour les 9,900 lieues carrées de pays laissées en dehors, pourrait fort bien annuler ou modifier bien des clauses de l'ordonnance projetée; alors une seconde perturbation dans l'état de la propriété se manifesterait, et cette perturbation nuirait essentiellement au progrès d'une colonisation déjà si entravée.

Un publiciste de la commission scientifique de l'Algérie, s'abstenant de citer les termes de la législation musulmane, donne, sous la simple autorité de son dire, les notions suivantes sur la propriété en Algérie, d'après ses traditions.

« Les Arabes ont un mot pour désigner tous les « produits de la terre qui viennent sans travail, et « par extension, la terre elle-même ; *kher allah* (le « bien de Dieu). Tels sont les forêts, les pâturages, « les pleines de sel. Celui qui va couper un arbre « dans la forêt est propriétaire de l'arbre qu'il vient « de couper ; celui qui conduit son troupeau dans la « prairie, est propriétaire de l'herbe broutée ; ce- « lui qui va briser des fragments de sel dans la sebga « (saline) en est le possesseur légitime. Dans ces trois

« cas, le droit à l'usage du bien de Dieu est justifié « par ces mots aussi simples qu'éloquents : *hak el* « *khedma* (1) (c'est le droit du travail).

« Lorsque nous traversions les plaines du Sbakh, « il nous est arrivé souvent de demander aux gens « du pays, en leur montrant un champ ensemencé : « Quel est le *propriétaire de ce terrain?* A quoi ils ne « manquent jamais de répondre : Zeraa fulan.... « (ce sont les semailles d'un tel). Mais la terre, leur « disons-nous, à qui appartient-elle ? — C'est le « bien de Dieu. »

Ce publiciste tombe dans l'opinion de M. de Sacy, d'après lequel la terre en Égypte n'appartenant *ni au paysan, ni au seigneur, ni au souverain* appartient nécessairement à Dieu.

Mais qu'est-ce à dire? *La terre est le bien de Dieu, la terre est à Dieu* et *l'usufruit aux hommes*. Qu'on nous cite une contrée où cet axiôme ne soit pas en valeur. Comment la terre ne serait-elle pas à Dieu, qui est le maître de l'univers et des hommes.

Ne dit-on pas en France à un enfant qui jette du pain par terre : *Prends garde, malheureux, tu jettes le bien de Dieu*.

Si un Chinois entendait ces paroles, pourrait-il en conclure, comme fait notre publiciste, qu'en France *le pain est à Dieu*. Pourrait-il argumenter

---

(1) Ces expressions arabes nous paraissent fort entachées de gallicisme.

de ce dicton pour tirer une conclusion législative quelconque ?

Oui, sans doute, la terre est à Dieu, tout est à Dieu ; mais expliquez donc comment Dieu a réglé les rapports de sa nue propriété avec les hommes qui sont ses usufruitiers. Quels sont les contrats qu'il a faits avec eux ?

Quittons ces puérilités, que nous signalons en passant pour n'y plus revenir, persuadés que le bon sens de chacun en fera bonne justice, en les considérant comme des niaiseries sans valeur.

D'autres publicistes ont cru reconnaître dans les tribus arabes *la propriété collective*. Leur opinion à cet égard n'a pas plus de poids que celle que nous venons de citer (1). Ils n'ont pas su assigner sa véritable signification à ce fait *du vague des notions de la propriété territoriale chez les Arabes*.

Nous la donnons comme confirmation du chiffre 800 mille, que nous avons assigné à la population totale du Tell de l'Algérie.

Dans les pays où les hommes ne se sont pas mis en souci de savoir à qui la terre appartient, où chacun trouve sans querelle, un champ disponible pour recevoir la semence qu'il veut lui confier; dans les pays où cet état de choses dure depuis un temps

---

(1) Le caractère d'une propriété collective est la répartition des produits entre tous les propriétaires; or, il n'en est pas de même en Algérie, chacun récolte son blé et possède des troupeaux sans partage. La terre, pour les Arabes, n'est qu'un instrument de production qui ne fait défaut à personne.

immémorial, on peut hardiment conclure que la population est extrêment réduite, et que son chiffre spécifique est beaucoup inférieur à celui des pays où la notion de la propriété territoriale existe, et où ce chiffre est le plus faible connu.

Dès lors, il n'est donc pas surprenant que dans les tribus, chaque Arabe ne considère comme sa propriété que les produits qu'il a obtenus par son travail, sans penser à asseoir son droit sur le sol lui-même.

Tel est l'état de l'Algérie sous le rapport de la propriété territoriale et de la population.

En France, personne n'a encore imaginé de revendiquer dans les fleuves sa part d'eau pour étancher sa soif et celle de ses bestiaux, parce que l'eau des fleuves abonde ; mais du jour où, par un phénomène quelconque, cette eau viendrait à diminuer de façon que chacun n'eût plus la perspective de satisfaire sa soif, sans souci pour la soif avenir, il est incontestable que l'eau à boire deviendrait une propriété particulière.

En France, la terre rare, eu égard à la population, est une propriété, mais l'eau des fleuves qui est surabondante n'en est pas une ; en Afrique, la terre qui surabonde n'est pas une propriété, tandis qu'un puits en est une, qui donne souvent lieu à des querelles sanglantes, parce que l'eau y est rare.

Mais si les publicistes dont nous venons de parler n'ont rien dit d'important sur la question de la propriété en Algérie, un ouvrage plus sérieux vient de paraître : il est de M. le docteur Worms. — Comme cet ouvrage est de nature à exercer sur la décision du conseil d'Etat une grande influence, nous croyons utile, non de combattre la doctrine de M. Worms, mais les conclusions qu'il en tire; son argumentation, bien qu'appuyée sur la reproduction des textes de lois musulmanes, ne nous paraît pas sans réplique et surtout sans danger.

Après avoir expliqué avec l'autorité des textes ce que sont les *Habous* et les *Ana*, il conclut qu'il est inutile de les abolir, attendu que vu leur rareté ils n'entravent pas plus la propriété que l'activité des transactions, et qu'au contraire cette mesure aurait pour résultat certain d'ulcérer profondément les indigènes.

Puis, après avoir reconnu la validité des acquisitions faites de bonne foi par les Européens, et demandé que les propriétaires dont le droit est sanctionné soient astreints à payer au trésor l'*ana* (cens annuel), qui grève leur immeuble, ou une somme équivalente fixée par analogie d'après la dimension du terrain occupé, jusqu'à nouvelle disposition à l'égard de cet *ana*.

Il propose,

1°, De mettre la main sur toutes les propriétés tenues par les indigènes qui, dans un délai donné, n'auraient pas déclaré le montant de leur *ana*, payé l'arriéré de cette redevance depuis 1830, et produit leur charte de concession originaire, ou un acte testimonial dont la formule sera rigoureusement fixée;

2° De saisir entre les mains des Européens qui ont acheté à rente perpétuelle toutes les rentes servies aux Maures vendeurs, sauf à les restituer à ces derniers quand ils auront produit leurs titres originaires, et prouvé qu'ils ont acquitté tout l'arriéré de leur *ana* au trésor. Cependant il faudrait avoir égard à celles qui ont été achetées de bonne foi par des Européens;

3° De s'emparer au nom du domaine de tous les terrains résultant de démolitions, délaissées depuis au moins trois ans sans que les propriétaires musulmans les aient utilisées;

4° D'interdire et de déclarer nulle toute hypothèque qui serait prise par un Européen, sur un terrain nu et vague tenu par un indigène;

5° De ne liquider dans aucun cas d'indemnité aux indigènes pour des terrains vagues, ou résultant de démolition, que l'État aurait pris entre leurs mains pour ses besoins.

L'ouvrage de M. Worms jette un grand jour sur la question de la propriété en Algérie; mais, loin d'infirmer les conclusions de la commission d'Afrique sur l'abolition des *habous* et des *ana*, il ne fait que mieux sentir la nécessité de cette mesure.

C'est ce que nous allons faire ressortir des textes mêmes invoqués par M. Worms.

« Aux termes, dit-il, de la législation musul-
« mane, toute terre est nécessairement terre de
« dîme (aschr) ou terre de tribut (kharadj).

« La terre de dîme est ainsi nommée, parce que
« l'impôt unique dont elle est grevée est le prélève-
« ment du dixième de la récolte.

« La terre de tribut est celle où l'impôt consiste
« en une fixation autre ou plus considérable que
« celle du dixième du produit.

« La terre de dîme est la propriété du tenancier.

« L'Arabie, dans sa presque totalité, est terre de
« dîme (c'est-à-dire la propriété des habitants).

« Toute terre de *tribut* (kharadj), le souad irak
« excepté, est l'objet d'une modification connue
« indifféremment sous le nom de *Habous* (1) ou de
« *Wakf*, qui a pour résultat d'y annuler le droit
« de propriété, de la rendre inaliénable, et de n'en
« permettre à personne la possession qu'à titre
« d'usufruit. »

M. Worms dit encore plus bas (même page), que « M. de Sacy est celui qui s'est le plus rappro-
« ché de la vérité, en affirmant qu'en Égypte, ni
« *le paysan*, ni *le seigneur*, ni *le souverain*, n'a-
« vaient en réalité le droit de propriété sur les
« terres. »

M. Worms ajoute, page 40 : « Dans tous les cas
« d'acquisition d'un pays par la force des armes, la

---

(1) Habous, pluriel de habs, (prison).

« *loi* prescrit au conquérant musulman de faire « *Wakf* ou *Habous* dans l'intérêt de la commu- « nauté, non-seulement les territoires propres à la « culture des céréales, c'est-à-dire de grande cul- « ture, mais encore les immeubles de quelque na- « ture qu'ils soient (akar), elle n'excepte de cette « constitution obligatoire de habous que les ter- « rains *vains* et *vagues* qu'elle nomme indiffé- « remment *mouaets* (morts), *adi* et *maadjoûn* « (ruinés). »

M. Worms consacre la page 7 et une partie de la suivante de son ouvrage, à citer des passages de divers historiens musulmans, Ibn-Khaldoun, Abou-Dinar, Ibn-el-Raquiq, Noweiri, qui démontrent que la conquête de l'Afrique n'a pas duré moins de soixante ans, et que ce ne fut que vers la fin du premier siècle de l'égire, que toute l'Afrique fut soumise, *Chrétiens* et *Berbères*.

En conséquence, la terre d'Afrique étant réellement une terre de conquête, fut, d'après la loi citée ci-dessus, nécessairemeut frappée du *habous* et soumise au *kharadj* (tribut).

L'action des *habous* dont M. Worms proclame *la rareté,* ne tend donc rien moins qu'à immobiliser la majeure et meilleure partie du territoire algérien; comment, dès lors, ces habous n'entravent-ils ni la propriété, ni l'activité des transactions (page 63)?

La colonisation devant se développer ailleurs

que dans les villes et leur banlieue, nous croyons que la destruction des habous est la première mesure législative à prendre pour arriver au résultat, de n'entraver ni la propriété, ni l'activité des transactions.

Si, selon le vœu de M. Worms, le gouvernement maintient les *habous*, il est dans l'obligation d'adopter pour les régir, la législation musulmane, il s'ôte le droit de disposer des terres domaniales autrement qu'à titre de location d'une durée restreinte. Il réalise ainsi la doctrine saint-simonienne qui demandait, entre autres, l'abolition du droit de propriété, et qui, croyant marcher vers l'avenir social, était sans s'en douter le moins du monde le plagiat d'une institution surannée de l'islamisme, destinée à s'écrouler avec ce colosse vermoulu. Salomon avait raison de dire qu'il n'y a rien de nouveau sous le soleil.

Reste à savoir si, dans l'état actuel de notre société, il est possible de fonder quelque chose de sérieux en Algérie, en n'ayant que des terres dont le droit de propriété ne saurait être attribué à personne. Nous en doutons.

Outre le habous du fait de la conquête, il en est un autre provenant du fait des particuliers ; ce dernier à deux nuances : 1° le habous des Turcs selon la doctrine d'Abou Hanifa, et le habous des Algériens selon Malek. Tous les deux existent en Algérie, car les Turcs étaient *hanefi*, et les Maures *maleki*.

HABOUS OU WAKF HANEFI.

Le bien wakf est un objet dont on dispose, de telle manière que le droit du propriétaire cesse et qu'il devient la propriété de Dieu, l'usufruit seul étant réservé aux hommes.

Le wakf une fois constitué est absolu et irrévocable; le bien qui en fait l'objet ne peut plus être repris ni donné, ni vendu, ni transmis en héritage.

La validité du wakf doit être établi par un acte juridique, ou par la délivrance à un administrateur spécialement désigné. Le fondateur peut se réserver à lui-même, ainsi qu'à ses enfants après lui, et à ses affranchis ensuite, pendant leur vie, tant l'administration que l'usufruit de l'objet fait wakf.

Il est de rigueur que sur le revenu d'un wakf on prélève tout d'abord de quoi le tenir en état de réparation.

Si celui qui a la jouissance à titre de demeure d'un immeuble wakf se refuse à faire ces réparations, ou n'en a pas le moyen, le magistrat doit l'en faire sortir, donner l'immeuble à loyer, et sur le montant du prix recueilli, pourvoir aux réparations; quand elles sont faites, l'usufruitier est remis en possession. De cette manière, on aura servi les intérêts du fondateur du wakf et de l'usufruitier, parce que sans les réparations, le domaine se serait détruit, et les droits de tous les deux auraient suivi le même sort.

Les matériaux provenant de l'im-

HABOUS OU WAKF MALEKI.

Tout le monde a le droit de faire wakf ce qu'il possède en propre, même à titre de rente.

En faisant une chose wakf, on ne donne pas la chose, mais seulement l'usufruit.

Toute déclaration de wakf est irrévocable et ne peut être annulée par la révocation d'aucun juge.

On peut faire habous les immeubles et les meubles, pourvu qu'ils soient reconnaissables.

On peut faire un habous en faveur de quiconque peut posséder de fait et de droit; ainsi on peut constituer un habous en faveur même d'enfants à naître; mais ce habous n'a d'effet qu'à leur naissance.

Un père ne peut faire un habous en faveur de ses fils à l'exclusion de ses filles; mais le habous fait exclusivement en faveur de ses enfants du sexe féminin, est valide.

Si un habous est institué en faveur des enfants, ils s'en partagent les fruits par portions égales sans égard au sexe, en dérogation aux lois qui régissent les successions.

Si un homme fait habous sa maison d'habitation, il faut qu'il en sorte, et il n'y peut rentrer d'un an, sans que ce retour n'entraîne la déchéance du habous.

Personne ne peut, en faisant un habous, s'en réserver ni l'usufruit ni l'administration, même en s'associant un tiers.

Le habous est irrévocable du moment où le constituant a dit : *Je fais habous*; on a inscrit cette formule sur les murs d'une maison, ou les feuillets d'un livre, ou s'il dit : Je donne sous la condition de ne jamais revendre ni aliéner.

meuble wakf doivent être gardés, afin de servir à l'occasion ; s'ils sont hors d'usage, on les vend ; mais le prix de cette vente reste affecté aux réparations futures ; jamais il ne peut être partagé entre les usufruitiers, parce que les matériaux font partie de la chose wakf, sur laquelle personne n'a de droit de propriété, le droit étant, sur les fruits, l'usage de la chose, mais non sur la chose elle-même.

On ne peut ni le prêter ni l'hypothéquer, mais on peut l'échanger pour un autre.

Pour qu'un habous soit valable, il faut que l'individu ou l'établissement désigné accepte : quand le habous est fait en faveur des pauvres ou d'une mosquée, cette formalité n'est pas exigée.

Un immeuble, quand il tombe en ruine, ne peut jamais être vendu ni échangé.

Il n'est qu'un cas où cela puisse avoir lieu, c'est quand l'emplacement de l'immeuble habous est indispensable à l'agrandissement d'une mosquée, d'un chemin ou d'un cimetière ; alors on le vend, et le prix est employé à acheter un immeuble, qui est fait habous comme celui qui a disparu.

Abdelbaqui, le commentateur de Sidi Krelil, dit *que les immeubles (akar), faits habous par le fait de la conquête, doivent être destinés à l'usage des vainqueurs, ou donnés en location à charge d'entretien ; mais que quand ils sont tombés en ruine, le habous périt avec eux, et que le terrain sur lequel ils étaient assis rentre dans la classe des terres mortes, c'est-à-dire des terres vaines et vagues.*

Cette disposition est également applicable aux habous provenant de la volonté personnelle.

Ce que M. Worms omet de dire, c'est que dans la constitution du habous le fondateur n'admet pas toute sa descendance indistinctement à jouir de l'usufruit, mais désigne spécialement à quelle branche les revenus seront affectés, et les attribue dans le cas d'extinction à un établissement religieux ou de charité.

Cette restriction se conçoit d'elle-même, car si tous les descendants avaient eu droit à l'usufruit, les parts, en se multipliant, seraient devenues très exigues, et conséquemment insignifiantes. Quoi qu'en dise M. Worms, l'institution des habous n'est pas le moyen le plus simple et le plus naturel que puisse employer un homme pour assurer aux *siens* la plus longue durée possible de sa propriété ; il nous paraît positif que la crainte de la confiscation a été pour quelque chose dans l'adoption si fréquente du habous, ainsi que tous les Algériens le disent.

En effet, bien que M. Worms affirme que la loi musulmane interdise la confiscation, on sait à n'en pas douter qu'elle est pratiquée sans scrupule par les pachas, les deys et les beys. Ce qui confirme cette assertion, c'est le soin extrême que les Musulmans ont de nier leurs richesses. Ils cachent ce qui peut être caché, et font habous les immeubles qui ne peuvent se céler, au risque de frustrer certaines branches de leurs descendants. Nous avons eu l'occasion de constater que tous les biens particuliers des descendants des Turcs, des pachas et des beys sont grevés de habous ; or, sous le gouvernement turc ces fonctionnaires étaient fort exposés à être mis à mort et dépouillés ; il est donc probable que ce moyen d'assurer une existence à leurs descendants mâles a été mis en usage par les puissants du pays eux-mêmes, et qu'ils ont été imités par le peuple

Au reste, quelle que soit l'origine des habous, son abolition est une des conditions indispensables pour faire sortir la propriété des entraves auxquelles elle était soumise sous l'empire de la loi musulmane, entraves telles qu'il n'était pas permis de prendre hypothèque sur un bien habous.

Le territoire de grande culture en Algérie est donc *wakf* ou *habous*, c'est-à-dire inaliénable, si ce n'est à titre d'usufruit

Mais la même loi, dit M. Worms, « ne régit « plus le territoire des villes et des banlieues; et il « est impossible d'y méconnaître l'existence d'une « propriété individuelle bien réelle, consistant en « maisons, jardins, métairies, etc.

« D'ailleurs, dans tous les royaumes musulmans, « on peut acquérir facilement la preuve de ce fait « par l'inspection des textes législatifs des actes de « cession et d'héritage. »

Voyons actuellement comment s'est formée la propriété individuelle, *cessible* et *héréditaire*.

M. Worms citant toujours le texte musulman, dit, page 40, que, « dans tous les cas d'acquisition « d'un pays par la force des armes, la loi prescrit « au conquérant musulman de faire wakf ou ha- « bous dans l'intérêt de la communauté, non-seu- « lement les territoires propres à la culture des « céréales, c'est-à-dire la grande culture, mais en- « core *tous les immeubles de quelque nature qu'ils* « *soient* (akar), elle n'excepte de cette consti- « tution obligatoire de habous que les terrains

« *vains et vagues*, qu'elle nomme indifféremment « *mouaets* (morts) ; *adi et maadjoûn* (ruinés). »

Il est évident, d'après ce texte, que tout ce qui était bâti à l'époque de la conquête, tout ce qui était jardin ou métairie, fût fait habous ; car on ne saurait nier qu'il y eût alors des villes, des jardins et des métairies ; donc tout le pays à très peu près fut immobilisé, emprisonné, et personne n'en eût la propriété, puisque ce droit ne pût être assis que sur les établissements fondés sur les terres vaines et vagues, seules exceptées des habous par le fait de la conquête.

Le prophète a dit (M. Worms, page 41) : « Quiconque ramène à la vie (c'est-à-dire rend pro« ductive) une terre morte, en devient de droit le « propriétaire.

Cette revivification, ajoute M. Worms, consiste « dans le bornement, le défrichement *à la main*, « le creusement de puits, l'érection de bâtisses et « de plantations ; mais elle n'est permise que « moyennant une autorisation ou concession (ictaa) « du souverain. »

On ne peut raisonnablement dire qu'une terre à céréales qui est en friche, qui se repose, est morte ; qu'un pâturage, la vie des troupeaux, presque seul bien des Arabes, est une terre morte ; qu'une forêt qui leur fournit du bois est également une terre morte. Conséquemment, les terres *mouaets* (mortes) *adi* ou *maadjoûn* (ruinées ou vaines et vagues), ne purent provenir que de constructions ou plantations ruinées : c'est ce que confirme M. Worms en citant le texte arabe de Makrisi : « Voici ce que dit Abou-« abd-el-Kassem, fils de Solam, dans le traité des Propriétés (*amoual* pluriel de *mal*), le Prophète a « dit : Les terres *adi* appartiennent à Dieu et à « son prophète ; en conséquence elles sont à vous : « et si vous demandez ce que cela veut dire, cela « signifie, a-t-il dit, qu'elles seront données en con-« cession (ictaa) ; c'est cette tradition qui est l'au-« torité fondamentale en matière de concession.

« Par *adi on entend toute terre qui a été occupée « et dont les occupants ont disparu, c'est-à-dire qui « est devenue ruinée ; elle est à la disposition du « souverain.* »

Mais, non contente d'avoir exproprié en masse le peuple vaincu par le habous de la conquête, la loi musulmane exprime encore le vœu de diminuer autant que possible le nombre des propriétés particulières ; car elle dit : « *Toute terre sur laquelle « passait la charrue rentrait dans la classe des « terres de grande culture, et devenait par ce fait « inaliénable*, c'est-à dire frappée de *habous*. »

M. Worms ajoute : « Le défrichement et la cul-« ture à la main constituèrent le caractère spécial « de la propriété individuelle ; ainsi le fait de la-« bourer *une fois* à la *charrue* le sol d'un jardin, « eût fait perdre à cet immeuble le caractère de « propriété individuelle, pour le ranger dans la « classe des terrains domaniaux ou plutôt *habous*.

On voit donc que, d'après la loi de l'Islam, la propriété individuelle doit être fort restreinte, puisqu'elle n'a pu s'établir que sur les terrains vagues et vains ou morts.

Voici encore, d'après M. Worms, les conditions essentielles qu'il faut remplir pour la constituer.

« Le droit de concession ne s'établit (page 42), « qu'à partir du moment où la maison ou le jar- « din projetés sont achevés, et en état de produit.

« Que si le concessionnaire négligeant les tra- « vaux, se contente de délimiter et de borner son « terrain, au bout de trois ans, selon Abon-Hanifa, « la concession est annulée, et le terrain rentre « dans la classe des terres mortes pour faire l'objet « d'une nouvelle concession.

« Que si un individu survient, qui mette en « rapport une terre ainsi abandonnée par le con- « cessionnaire, il n'en devient réellement pro- « priétaire, malgré ses travaux, qu'à l'expiration « de la troisième année; seulement le concession- « naire a le choix ou de tenir compte au produc- « teur des frais qu'il a faits, et de reprendre son « terrain, ou de le lui laisser en exigeant de lui le « remboursement de ce que lui a coûté la con- « cession.

« L'usage a prévalu dans tous les États musul- « mans de concéder des terres vaines et vagues, ou « ruinées, moyennant un prix d'entrée fixé par « une enchère et un cens annuel. »

Il paraît certain que les concessions des terres mortes, ou vagues et vaines, duraient de droit aussi longtemps que les constructions ou plantations assises dessus étaient en bon état de conservation et de valeur, et que le fait du délaissement sans produit pendant trois ans, faisait rentrer ces terres au pouvoir de l'Etat, qui en faisait l'objet de nouvelles concessions.

Cette condition seule suffisait donc pour engager les détenteurs à tenir leurs propriétés en valeur, puisque leur jouissance était attachée essentiellement à ce bon état de conservation. Il était donc inutile, pour atteindre ce résultat, de frapper de habous les maisons et les arbres ou tout autre établissement assis sur ces terres vagues et vaines, à moins toutefois que l'on supposât aux pères de famille et à leurs héritiers, une insouciance complète de leurs moyens d'existence. On peut donc, sans s'écarter de la vérité, affirmer que le habous avait pour but d'assurer la jouissance de l'usufruit d'un immeuble à une famille contre d'autres causes de pertes, que celle provenant de sa négligence.

D'ailleurs, en admettant que l'explication des habous donnée par la commission fût erronée, l'invocation de cette erreur contre sa conclusion de les abolir, n'a aucune valeur ; car il n'en demeure pas moins certain que leur maintien, en frappant la propriété de mainmorte, a pour résultat d'empêcher que quelqu'un puisse devenir propriétaire.

Venons-en actuellement à *l'ana*, dont M. Worms croit aussi l'abolition inutile.

Voici la traduction d'une Charte de laquelle ce publiciste tire toutes ses lumières : elle porte en tête le cachet d'Achmed-ben-Mollah-Mohammed, et la date de 1243 de l'égire, c'est-à-dire 1827 de l'ère chrétienne.

« Après qu'il a été constaté avoir été constituée « wakf parmi les wakouf (pluriel de wakf) de la « Mèque et Médine (haremine), toute une maison « sise dans la rue Danket, connue sous l'appellation « de maison de Sidi-Mohammed-el-Gadiouy, en la « ville de Bélida, ainsi que cela résulte de l'acte de « habous (wakfyé) déposé entre les mains de l'a- « gent de la Mèque et Médine, et celui-ci est le « respectable Hussein, fils de......, et cette maison « ayant été détruite et réduite à niveau de terre, « par suite du tremblement de terre qui a eu lieu « il y a trois ans, *et les emplacements habous étant* « *restés en cet état depuis cette époque*, et ce fait « étant venu à sa connaissance, il a plu au souve- « rain suprême, le flambeau du choix, etc..., de « notre seigneur Hussein Pacha, d'ordonner que « deux assesseurs fussent choisis dans les deux tri- « bunaux (Hanefy et Maleky), qui connussent le « prix moyennant lequel peut s'effectuer la per- « mutation à l'ana du terrain de ladite maison, « ainsi que des autres, sous l'autorisation des ou- « lémas dont la réunion constitue le midjélès ju- « diciaire dans la grande mosquée d'Alger.

« Et il a envoyé vers les seigneurs oulémas, son « interprête le sieur Achmed-ben-el-Seïd-el-Hadji- « Aly-ben-Shaltab, pour leur faire savoir que son « intention est de livrer (defaa) l'emplacement « susdit à qui voudra y élever bâtisse ou autre « chose, et en acquitter *l'ana* entre les mains de « qui de droit pour la durée et la permanence ; « et les oulémas y ayant consenti, leurs assesseurs « se sont rendus à Bélida en compagnie de ceux « qui seront indiqués ci-dessous, et ont examiné « l'immeuble dans tous les sens, et fait estimer la « valeur par le ministère des personnages ci-des- « sous mentionnés, de telle sorte qu'il n'en peut « résulter ni besoin, ni fraude *à l'égard du habous* « susdit en présence des sieurs Mohamed, mufti « hanefi, à Blida ; Belkassem, mufti maleki, au « même lieu ; Achmed-el-Kebir Mohamed, cadi de « Moustapha Schaouch ; du janissaire Hakem (gou- « verneur) de Blida ; Mohammed, secrétaire de « de l'illustre Ibrahim, aga des spahis, et envoyé « par lui, *Mohamed Schaouch, agent de la Mè- « que et Médine*, et d'un grand nombre de per- « sonnes, etc.

« Et alors Sidi Mohamed Schaouch, en l'absence « de son agent Sidi Aly Khoudja (secrétaire), a « délivré le terrain de ladite maison au permutant « (moubedel), Sidi Mohamed Boudjida, à charge « par celui-ci de lui payer, *toutes les années à par- « tir de ce moment, la somme de trente réaux d'as- « preschiques*, moyennant quoi celui-ci pourra

« établir sur ce terrain toute construction qu'il « lui plaira, et sera tout ce qu'il y construira son « *bien propre*, au même titre que ses autres biens, « et il en usera et disposera par toute espèce de « disposition, sans obstacle, empêchement, ni re- « prise ; et après que le preneur s'est engagé à faire « les constructions indiquées à ses frais, et à payer « *la somme annuelle fixée, lui ou qui prendra sa* « *place*, pour la durée et la permanence, les as- « sesseurs se sont rendus vers les oulémas pour le « leur apprendre ; et le sieur Boudjija s'est présenté « devant le midjélès judiciaire siégeant en la mos- « quée d'Alger, pour obtenir une expédition judi- « ciaire, et après avoir constaté la légalité de la « transaction, et la suffisance du prix de permu- « tation, ils ont autorisé le cadi a en donner « acte, etc. »

La teneur de cette Charte, et probablement celle des autres de même nature, a bien pu tromper la commission sur la signification de l'ana et lui faire présumer que c'était le prix de location du terrain sur lequel avait existé un habous en ruine ; car on trouve en effet dans cette Charte cette phrase équivoque, *et les emplacements habous étant restés en cet état depuis cette époque*, etc. : mais l'erreur de la commission n'avait aucune importance en ce qu'elle faisait toujours de *l'ana* le cens annuel payé pour la jouissance d'un terrain.

D'après M. Worms, et nous croyons son asser- tion fondée, *l'ana* est le cens annuel payé pour la concession d'un terrain *mort*, *vague* ou *vain*, soit que sur ce terrain ait existé un immeuble habous, soit un immeuble libre; mais, ce qui est incontestable, c'est que *l'ana* est le cens annuel payé pour un terrain *qui ne sera jamais la propriété de personne*, si ce n'est celle de Dieu, ou plutôt celle de l'État.

Or, dans l'état actuel de la société, l'idée de ne jamais pouvoir posséder le terrain qui supporte la maison qu'on a bâtie, ni le champ qu'on cultive, est répulsive, personne ne quittera la France pour aller coloniser en Afrique, s'il n'a l'espoir de posséder en propre un champ, une ferme.

Donc le *habous* qui exproprie tout le monde, et *l'ana* qui n'est que l'expression d'une concession révocable, ne peuvent subsister dans la société que nous devons transporter de France ou d'Europe en Algérie. Il est donc urgent de les abolir, non-seulement dans les villes, mais dans toute l'Algérie.

Nous ne saurions laisser sans réponse une supposition de M. Worms contre les indigènes et contre les cadis, savoir : qu'après s'être habilement rendu compte des bases de la constitution dela propriété en France, ils ont audacieusement fondé un système de spoliation envers l'Etat, les premiers, en vendant des terres qu'ils savaient ne pas leur appartenir, et les seconds en sanctionnant ces ventes par des actes; ces accusations sont à nos yeux sans aucune portée; car le dire des indigènes dans toute la Régence a été si unanime et si parfaitement concordant, qu'il est impossible de supposer qu'ils aient pu si bien s'entendre sur une matière aussi ardue. Il est bien plus rationnel de penser que dans un pays où la propagation des lois est impossible par le manque de publicité, par l'absence de l'imprimerie, par la rareté même des gens qui savent lire et écrire; les indigènes ont eu la pensée fort naturelle, du reste, qu'ils pouvaient disposer de ce qui ne leur était jamais contesté dans le fait; savoir la propriété du sol. M. Worms donnerait lui-même raison à cette interprétation lorsqu'il dit, page 22 :

« A Constantine, à Oran, à Bone, les indigènes « sont à nos portes; ils y cultivent paisiblement « la terre; et l'agriculture est pour eux une con- « dition vitale; à ce point, que dans plusieurs de « ces localités, ils ont *racheté* ou loué à grands frais « des Européens les terrains que précédemment « ils leur avaient vendus à bas prix. »

Comment les indigènes auraient-ils eu la pensée de racheter à grands frais ce qu'ils savaient n'avoir pas eu le droit de vendre? Comment surtout auraient-ils stipulé le prix de leur fraude en rentes perpétuelles toujours saisissables, plutôt qu'en une somme une fois payée?

Mais concluons :

Le habous imposé sur tout le pays, sur tous les immeubles (akar), par le fait de la conquête, est une spoliation repoussée par le droit des gens, et que ne peut sanctionner le long temps qui s'est écoulé depuis la conquête musulmane; spoliation contre laquelle protestent encore les Kabaïles, et dont les Arabes éloignés des villes n'ont jamais ressenti l'effet, puisqu'on n'a pu matériellement les expulser de la terre qui les nourrissait.

Ce habous de la conquête, déjà frappé d'impuissance par le fait dans les tribus arabes, ne peut être maintenu en droit, nous devons donc l'annuler; car ce n'est pas la spoliation que nous apportons en Afrique, mais la justice et la civilisation.

Le habous, par le fait des particuliers, qui était bien réellement une sauvegarde contre la spoliation dans les villes et leur banlieue, doit disparaître aussi parce que la domination française ne spolie personne.

L'ana, qui n'est que le prix ou cens annuel d'une concession révocable, est déjà supprimé par le fait, puisque les ventes faites à l'enchère et à rentes perpétuelles par le domaine à Alger, sont capitalisables, et que chacun peut racheter son cens annuel et perpétuel.

Mais, comme le dit M. Worms, il est impossible de ne pas compter avec la population arabe; on ne peut lui ôter la terre pour les semailles et les troupeaux, car ce serait la détruire.

Eh bien, nous compterons largement avec elle. Nous proposons de lui laisser en propriété toute la terre d'Algérie qu'elle possède *de fait* depuis des siècles; et voici ce que nous prévoyons devoir arriver avant peu : la guerre se mourra de langueur ; car le temps approche où quelques imaginations fébriles et ambitieuses n'auront plus le pouvoir de la perpétuer : alors nous organiserons véritablement les Arabes ainsi que nous essaierons de l'indiquer ci-après. La razzia deviendra un crime irrémissible, non-seulement de notre part, mais entre tribus ; les Arabes rassurés, au lieu de ne posséder que des objets transportables, bâtiront des chaumières, des maisons peut-être, car la contagion du bien-être est invincible ; puis ils s'apercevront qu'ils ont trop de terre, et ne demanderont pas mieux que d'en céder une bonne partie à des prix plus que modérés, terres que le domaine pourra acheter si cela lui convient.

Si on s'inquiète de la part qui lui reviendra dès à présent, nous répondrons que le domaine est déjà pourvu de tous les biens des familles éteintes, et des territoires dits du Beylik, que dès à présent il peut étendre son droit de propriété sur les lacs salés et autres et sur les forêts existantes.

Par la suite, au fur et à mesure de l'arrivée des émigrants, on traitera directement avec les tribus pour l'acquisition d'une partie de leur territoire, imitant en cela le mode suivi aux Etats-Unis, où l'on traite avec les tribus sauvages de l'acquisition des contrées qu'elles habitaient. Nous avons la certitude qu'à peu de frais, des terrains immenses seront livrés à la colonisation. L'administration a déjà donné, et nous l'en louons, l'exemple de ce qu'on peut obtenir par l'adoption de cette grande et juste mesure, en acquérant pour 6,000 francs à Ténès un territoire suffisant pour installer un groupe agricole; mais nous insistons pour que les terrains vendus par le domaine le soient à prix fixe et non point aux enchères; les Etats-Unis et le Canada nous offrent encore un exemple pour cette manière d'opérer; on livre, dans le premier de ces pays, à tous ceux qui en désirent, des terres jusqu'à 18 francs l'hectare, selon leur qualité et leur situation, et dans le second des terres et bois à 50 francs l'hectare.

En Algérie, on pourrait exiger quelques conditions des acheteurs, savoir de planter dans un délai donné un certain nombres d'arbres sur les terrains vendus, parce que le manque d'eau est le plus grand obstacle à l'augmentation de la population. Le boisement successif du pays augmentera l'eau des rivières et des ruisseaux existants et donnera naissance à des sources nombreuses.

Les forêts seront soumises à la législation de la France. Quant aux rivières, peut-être sera-t-il nécessaires d'en étudier le régime.

Puis enfin, au lieu de conseiller les saisies d'immeubles et de rentes proposées par M. Worms, nous demandons que tout détenteur de terres, tout individu jouissant de rentes en Algérie, soit maintenu dans sa jouissance s'il prouve que leur possession a été non contestée pendant cinq ans.

Du reste, on comprendra que nous ne pouvons entrer dans le détail de ces opérations, qui toutes devront être traitées avec largeur par l'Etat, et non dans des vues étroites ou intéressées (1).

Ce que nous venons de dire suffira pour convaincre que la question de la propriété en Algérie ne peut recevoir une solution équitable dans un autre sens, et qu'il faut surtout se garder d'un malheureux amalgame des institutions musulmanes et françaises. Nous sommes venus en Algérie pour y installer la France, et non pour faire du peuple que nous y appelons une nation étrangère à la France.

---

(1) Nous avons eu sous les yeux le projet d'ordonnance relatif à la constitution de la propriété. Le titre IV interdisait toute acquisition en Algérie par des officiers de l'armée ou des fonctionnaires, sans l'autorisation du ministre de la guerrre, sous peine de nullité de la transaction et de destitution du notaire qui aurait fait l'acte.

Nous ne comprenons pas que l'armée qui paie de son sang la conquête de l'Algérie soit exclue des avantages matériels qu'elle peut offrir. La permission du ministre est une concession illusoire. Jamais le vendeur n'attendra l'incertaine autorisation du ministre de la guerre pour disposer de ce qu'il veut vendre, surtout si ailleurs il en trouve le même prix. Il n'attendrait que dans le cas où le militaire et le fonctionnaire lui en offriraient un prix supérieur à celui qu'il demande au public. Cette disposition aura pour résultat certain de faire payer les immeubles plus cher par les militaires et les fonctionnaires.

Mais comment concilier l'ordonnance avec le respect dû à la jouissance des droits civils de chacun? Quoi! une simple ordonnance peut placer un honorable officier ou un fonctionnaire dans la même catégorie qu'un condamné privé de ses droits civils par suite d'un jugement entraînant la mort civile? Quoi! un citoyen sera interdit autrement que par un jugement? Et cela se passe en 1844! On pourra destituer le notaire, le fonctionnaire, réformer l'officier même; mais aux yeux de la loi la transaction, l'acte resteront toujours intacts et valides; cette ordonnance ne saurait les anéantir.

Sans doute les notaires d'Afrique n'oseront passer outre, mais alors, les transactions se feront à Marseille et à Toulon par procuration.

CHAPITRE IV.

L'Algérie ne peut être une colonie.

Lorsqu'un Etat a fait la conquête d'un territoire d'outre-mer, la pensée du vulgaire, celle qui surgit la première, est d'annexer ce territoire à la métropole en qualité de *colonie*, c'est-à-dire de mettre le pays conquis et tous les habitants de la même patrie qui vont s'y établir, sous une législation exceptionnelle. C'est sur cette pensée surannée que vit encore notre gouvernement par rapport à l'Algérie.

On considère une colonie comme une ferme gouvernementale, dont on calcule le revenu par francs et centimes. Si le revenu excède la dépense, on déclare l'affaire bonne ; si, au contraire on y trouve du déficit, l'affaire est dite mauvaise.

C'est à ce point de vue que se placent bon nombre de nos législateurs, quand, en prononçant d'un air formidable le chiffre du budget de l'Algérie et celui de son armée, ils posent cette éternelle objection : *que rapporte l'Algérie ? Et, si elle vient à rapporter quelque chose, ne fera-t-elle pas une concurrence dangereuse à nos produits similaires de France ?*

Il est encore parmi eux des hommes qui déclarent gravement que l'Algérie est une plaie pour la

France, un cancer dévorant, un embarras gouvernemental. D'après cela, on conçoit tout le désir qu'ont eu les uns et les autres de se défaire d'une conquête qui pèse tant à leurs bourses, et qui leur cause de si graves soucis.

Mais rien n'est plus faux que ces deux manières d'envisager la question ; elles sont l'expression évidente de la routine ou de l'intérêt particulier, et auraient infailliblement conduit à l'abandon, si le point difficile n'eût toujours été de compter avec l'opinion en France et de détruire cet instinct national qui, sans se rendre compte bien clairement de l'avenir d'Alger, a toujours compris que cette conquête doublerait la puissance de la France. C'est cet instinct qui, même au sein des Chambres, s'est manifesté si énergiquement par le vote de tous les sacrifices demandés, lorsque la possession de l'Algérie a été mise en danger, ou même en question.

Ce n'est donc point pour convaincre les incrédules de parti pris que nous écrivons, ils sont déjà vaincus par l'opinion de la France ; mais c'est pour éclairer cette opinion ; c'est pour diriger cette force immense vers le but, par la voie la plus courte et la plus certaine ; c'est pour anéantir les faux et dangereux systèmes prônés par le gouvernement militaire, et présentés avec une habileté capable d'entraîner les hommes peu versés dans la question.

Quels sont les éléments de la force et de la grandeur d'un Etat ; quelles sont les conditions essen-

tielles de son maintien au premier rang des puissances?

Il est incontestable que c'est la réunion sous *un gouvernement homogène*, du territoire de la plus vaste étendue possible, habité par un peuple nombreux, et n'ayant aucun intérêt à se séparer de l'unité gouvernementale.

Cette vérité deviendra sensible par un exemple.

La France est une puissance de premier ordre, parce qu'elle réunit ces conditions à un degré suffisant dans la balance actuelle des grands Etats de l'Europe. Mais, si par un événement quelconque, le Nord de la France se séparait du Midi, ou l'Est de l'Ouest, il est évident que chacune des deux moitiés n'ayant plus qu'une population, une armée et des ressources financières réduites de moitié, descendrait subitement au rang de puissance du deuxième ou du troisième ordre, et leur influence sur le reste de l'Europe diminuerait d'autant.

Le même résultat aurait lieu, si la France, restant stationnaire, les autres grandes puissances augmentaient ou doublaient leur puissance.

La question ainsi posée, examinons si les colonies, si les pays conquis, si les possessions, à quel titre que ce soit, gouvernés avec des lois exceptionnelles, ont réellement augmenté la puissance des métropoles.

Sans vouloir ici dérouler le drame sanglant de l'histoire des colonies, nous nous bornerons à l'examen sommaire de trois exemples connus de toute la génération contemporaine, ceux des Etats-Unis de l'Irlande et de la Corse.

Chacun sait que l'origine des Etats-Unis est due à un certain nombre de familles anglaises qui, fuyant les persécutions religieuses, vinrent se fixer sur le littoral de l'Amérique du Nord, après avoir acheté des sauvages, le terrain sur lequel elles s'installèrent; que cette entreprise coloniale, fondée entièrement par des particuliers, sans le concours du gouvernement britannique, se mit tout naturellement sous la protection de la mère-patrie, laquelle transforma, à la longue, cette protection en une oppression législative et fiscale poussée à l'extrême.

On sait que, las du joug de l'Angleterre et confiant dans leurs moyens de résistance, les Américains demandèrent le simple contrôle de leurs contributions par les autorités américaines locales; que, repoussés dédaigneusement par le gouvernement anglais, les hostilités commencèrent, et qu'après la bataille de Saratoga, gagnée par le général américain Gates, les Anglais offrirent ce qu'on n'avait jamais osé demander, savoir : que chaque État américain envoyât un représentant à la Chambre des communes; mais que ces offres, arrivant trop tard, furent à leur tour repoussées par les vainqueurs enhardis par le succès; qu'alors, aidés par la France, les États-Unis, secouèrent enfin le joug des Anglais, et constituèrent un État qui, en moins d'un siècle, monta au premier rang des puissances.

Quand on réfléchit sérieusement sur les causes de cet événement, on acquiert la conviction que, si le gouvernement anglais eut admis sa colonie américaine à jouir des mêmes prérogatives que la mère-patrie ; que, si les intérêts de cet établissement, déjà puissant, eussent été confondus avec ceux de l'Angleterre, les Américains, ne cessant pas d'être Anglais, n'auraient jamais eu la pensée de s'insurger, car ils auraient possédé de droit les institutions dont le refus occasionna la guerre.

Mais, poussant plus loin encore les conséquences de ce raisonnement, les Anglais auraient-ils été sur le point d'être effacés de la liste des nations, sous les efforts puissants de Napoléon, si les États-Unis eussent fait partie intégrante de leur empire. Si les Iles Britanniques fussent devenues la proie de leur redoutable adversaire, n'auraient-ils pas pu facilement, dans ce cas extrême et pour attendre des temps meilleurs, transporter le siége de leur puissance à Philadelphie ou à New-York, n'y auraient-ils pas trouvé un peuple anglais, aussi inattaquable que l'est aujourd'hui le peuple américain ?

L'Irlande est un exemple frappant des effets de la tyrannie d'un peuple sur un autre peuple. Demanderait-elle un parlement particulier, si les Irlandais, au lieu d'être encore un peuple conquis et opprimé, étaient devenu *peuple anglais ?* Pense-t-on que si l'opposition de O'connell, au lieu d'être purement légale et pacifique, eût été celle d'un homme d'action, elle n'aurait pas causé à l'Angleterre d'inextricables difficultés qui auraient peut-être ruiné sa puissance.

L'état d'oppression actuel de l'Irlande paralyse une armée anglaise employée à contenir ce royaume, sans qu'il résulte de cette annulation de forces et des dépenses que leur entretien nécessite, d'autre avantage que celui d'assurer au clergé et à la noblesse d'Angleterre la jouissance des revenus du pays opprimé.

Lorsque la république de Gènes possédait la Corse, n'était-ce pas au moyen d'une armée sans cesse en lutte avec les énergiques habitants de cette île? Et malgré tous ses efforts, la Corse ne lui a-t-elle pas échappé?

La France n'était-elle pas également obligée de maintenir en Corse des forces imposantes, pour y assurer sa domination avant que cette île fût devenue partie intégrante du territoire français, et qu'érigée en département, elle eût ses représentants dans les Chambres?

Aujourd'hui, quel est le résultat de cette grande et politique mesure? La Corse s'honore d'être France; chacun de ses habitants est fier de la qualité de Français. Les enfants de cette île, naguère en lutte avec tous les étrangers, sont confondus avec les Français dans les rangs de la magistrature et dans les emplois administratifs; tous paient la dette du service de guerre et les impôts; enfin, bon nombre d'entre eux occupent des grades éminents dans la hiérarchie militaire. La France est la patrie du Corse aussi bien que celle du Breton et de l'Alsacien ; et cette île, aujourd'hui peuplée de citoyens, bien que séparée du sol de la mère-patrie par la mer, se garde mieux elle-même contre les ennemis de la France que ne pourrait le faire un corps d'armée considérable. Un seul régiment, y stationne, mais simplement comme garnison.

Entend-on chaque année demander ce que rapporte la Corse et ce qu'elle coûte? Est-il question qu'elle soit un embarras pour le gouvernement? La Corse est tout simplement une partie de la France, dont chaque habitant, contribuant au budget national pour la part qui lui est assignée, augmente ce budget d'environ six à sept millions par an.

Ajaccio et Bastia sont à 15 heures plus loin de Paris que Toulon, et a-t-on jamais ouï dire que cette augmentation de distance y rendît impossible ou difficile l'administration francaise.

Les mœurs et les habitudes des habitants de cette île, que les Romains n'ont jamais pu dompter, ont-elles été un obstacle à sa réunion avec la France et à leur acceptation de notre législation? Non, que nous sachions ; et si la transition n'a pas été immédiate, du moins s'est-elle faite en moins d'un quart de siècle. Nous affirmons, d'après les faits et d'après le dire des nombreux originaires du département de la Corse qui résident à Paris, que si quelque malencontreux brouillon voulait y lever l'étendard de la révolte contre la France, non-seulement il n'y trouverait pas d'écho, mais que son entreprise tomberait sous le coup du ridicule.

Voilà donc un pays de 547 lieues carrées, peuplé de 207,889 habitants, qui n'est à la France que depuis environ 50 ans, qui ne paralyse aucune de ses forces militaires pour sa garde, mais qui contribue au budget national pour près de sept millions de francs, et tout cela, par la seule force des institutions civiles que nous lui avons données, tandis que depuis des siècles, les institutions militaires et oppressives n'avaient rien pu y fonder de stable.

N'est-ce pas une victorieuse réfutation de ce mot prononcé naguère par M. le maréchal Bugeaud, *que les institutions civiles affaiblissent les Etats ?*

Que sont aujourd'hui les possessions françaises à l'Etat de *colonies* ? Un embarras sans cesse renaissant, commercialement parlant : la question des sucres nous l'a pleinement révélé.

Si les colonies françaises faisaient partie intégrante du territoire, et qu'elles fussent représentées aux Chambres, auraient-elles contre la métropole des sujets de plaintes qui au moindre choc politique en Europe, amèneraient une séparation ; la question de l'esclavage ne serait-elle pas résolue, et ces îles, au lieu d'avoir des maîtres ruinés et des esclaves toujours prêts à se révolter, n'auraient-elles pas une population compacte de citoyens qui, comme en Corse, résisterait mieux d'elle-même à toute agression extérieure que les corps d'occupation que la métropole y entretient à grands frais.

Mais nous sommes peut-être moins éloignés qu'on ne le pense d'en arriver à ce résultat. Déjà la magistrature coloniale est rentrée dans le giron du ministère de la justice ; et, aujourd'hui, un officier de la Guadeloupe a fait un mémoire tendant à obtenir que la loi de recrutement soit appliquée aux colonies. Dans le numéro du *Spectateur militaire* du 15 avril 1844, M. F. D. rend compte de ce mémoire de la manière suivante :

« Nos colonies, on le sait, ne sont pas régies par « les lois de la métropole; elles vivent encore sous « une législation exceptionnelle. Si, lorsqu'on fonde « une colonie, il est nécessaire de lui donner un Code « en rapport avec sa situation particulière, avec les « mœurs de ses habitants, il est prudent, au fur et « à mesure que la population indigène se plie aux « habitudes de la mère-patrie, qu'elle s'identifie « avec elle, de modifier ce code local, et de le met- « tre de plus en harmonie avec celui de la nation à « laquelle appartient la colonie; c'est le plus sûr « moyen d'opérer une fusion complète.

« La population de nos colonies des Antilles, de « la Guyane, du Sénégal, de Bourbon, etc., est res- « tée jusqu'à ce jour en dehors de la loi de recru- « tement; elle n'est soumise qu'à un service de « milice qu'on peut comparer à celui de la garde « nationale en France. Il résulte de ce fait, que les « garnisons des colonies sont fournies par la France.

« Ces troupes, transportées à grands frais des ports

« de la métropole, ne sont nullement préparées ni à « ce long voyage de mer, ni aux nouveaux climats « sous lesquels elles vont vivre : aussi, subissent- « elles dans toute leur étendue les fâcheuses in- « fluences de cette double cause de maladie. Arri- « vées dans la colonie, affaiblies par la traversée, « elles ne tardent pas à être décimées par la fièvre « jaune, par les dyssenteries, etc. On a vu des corps « perdre ainsi les deux tiers de leur effectif, et cela « sans gloire et sans profit pour la France.

« Pour mettre fin à ce cruel impôt, levé chaque « année sur l'armée française, l'officier, auteur de la « note, propose de mettre en vigueur aux colonies, « les lois et ordonnances sur le recrutement et les « enrôlements volontaires, et de former ainsi des « bataillons indigènes, dans lesquels seraient admis « non-seulement la population libre, mais aussi la « partie de la race nègre qui n'est pas encore éman- « cipée. Par ce moyen, on pourrait, en peu d'an- « nées, organiser des forces suffisantes pour mainte- « nir l'ordre dans les colonies, et pour les défendre « au besoin. On pourrait, en conséquence, dimi- « nuer graduellement l'effectif des garnisons en- « voyées de France, et enfin les supprimer entiè- « rement.

« Cette organisation locale, en faisant passer suc- « cessivement dans les rangs militaires toute la po- « pulation virile des colonies, y répandraient les « idées de hiérarchie et de discipline, y sèmerait

« les principes d'ordre, qui y sont rares encore, et « qui y seraient cependant si nécessaires.

« C'est aussi par ce mode qu'on pourrait sans dan- « ger faire passer les noirs de l'esclavage à la liberté. « L'uniforme développerait en eux les qualités étouf- « fées par la servitude ; ils apprendraient ainsi à être « hommes ; ils recevraient une instruction suffi- « sante pour se guider après leur sortie des rangs et « deviendraient enfin des citoyens utiles. »

Sans adopter complétement les pensées contenues dans cette note, nous l'avons citée, pour prouver que l'opinion se modifie relativement au système législatif des colonies.

On conçoit que l'opinion publique ne soit point encore fixée sur le mode le plus efficace et plus énergique, pour arriver promptement à la colonisation, parce qu'à la vérité, la France a rarement eu l'occasion de coloniser; mais il n'en peut être de même des hommes d'Etat et des législateurs. En effet, lorsqu'on a accepté ou plutôt brigué à tout prix les hautes fonctions du pouvoir législatif et la responsabilité du pouvoir exécutif, on a mauvaise grâce de venir avouer qu'on est sans étude, que l'on n'a point l'expérience des graves attributions inhérentes à ces fonctions. Pour le vulgaire, l'expérience des choses s'acquiert par le faire ; mais, pour les hommes d'État et pour les législateurs, cette expérience doit s'acquérir par l'étude et la méditation de l'histoire.

Dans l'antiquité, les colonies furent des essaims

que des peuples trop resserrés sur le territoire de la mère-patrie, envoyèrent sur une terre étrangère pour y fonder une nation nouvelle; ces essaims transportèrent avec eux leurs pénates et leurs lois. Mais les Antilles, Cayenne, Bourbon et le Sénégal, que nous appelons aujourd'hui *colonies*, n'ont jamais été des colonies dans la véritable acception du mot; ce ne furent que de simples exploitations créées par le besoin qu'avait l'Europe des produits intertropicaux. La guerre d'abord extermina les indigènes; puis quand ont eut fait table rase, quelques hommes privilégiés obtinrent, moyennant des conditions stipulées et consenties d'avance, l'exploitation du sol. Nulle part, dans ces îles, on ne songea à transporter l'excès de la population de la France, mais on alla sur la côte d'Afrique acheter les esclaves qu'on destinait au travail des plantations. On conçoit que ces exploitations peuplées d'une façon aussi exceptionnelle, ne purent être soumises au droit commun de la mère-patrie, où il n'y avait ni maîtres ni esclaves. On conçoit, disons-nous, qu'elles durent être régies par des règlements exceptionnels. Le gouvernement assurait protection aux exploitants, et exigeait en retour un fort bénéfice. Dans l'origine, la législation des colonies ne dut être qu'un simple contrat passé entre le ministère de la métropole et les planteurs.

Il est même évident que tant que la question de l'esclavage ne sera pas résolue, ces colonies ne sauraient être gouvernées autrement que par un code exceptionnel

Mais doit-il en être de même pour l'Algérie? Est-ce une terre dont l'exploitation promette ces richesses colossales qui, dans l'origine, furent le partage des planteurs des îles, et les dédommagèrent de l'absence de légalité? Les colons auront-ils la ressource de la traite des Noirs pour exploiter leurs terres? Non, certes; la terre d'Alger est fertile, mais jusqu'à présent elle n'a point pour le colon les riches promesses d'avenir des Antilles; c'est un peuple libre qui la cultivera, et ce peuple sera Français, car la France a besoin d'un sol plus vaste pour son peuple trop nombreux aujourd'hui.

Il serait donc absurde de vouloir assimiler l'Algérie aux colonies, et de prétendre la gouverner exceptionnellement.

Comme nous l'avons prouvé dans le chapitre II, c'est 420 *Français* que nous avons à installer par lieue carrée en Algérie, ou environ 4 à 5 millions dans tout le pays; c'est le même peuple qui, depuis 89, a conquis son organisation sociale actuelle au travers des terribles phases qui se sont succédées depuis cette époque; et c'est cependant ce peuple que les Chambres et le ministère déclarent n'être pas mûr pour recevoir en Algérie les lois qui le régissent en France. Au Nord de la Méditerranée, il est mûr pour cette organisation sociale, mais qu'il passe la Méditerranée, qu'il se rende en Algérie, il perd, disent les législateurs, toute aptitude à recevoir cette organisation, sous le vain prétexte que tout est nouveau dans ce pays. Oubliez-vous que les institutions doivent d'abord régir les rapports sociaux des hommes entre eux, et que de ces rapports dérive tout le reste. Si donc il est acquis qu'un peuple Français doit habiter l'Algérie, il nous semble que c'est aux prétendues nécessités locales à se plier à l'organisation sociale du peuple, et non au peuple à subir leurs lois.

Si on allègue que les institutions de la France sont impuissantes à créer quelque chose en Algérie, et qu'il faut à la *société naissante* qui s'y forme, comme on se plaît à l'appeler, des institutions exceptionnelles, on déclare que les institutions de la France, fruits d'une longue et sanglante expérience, sont moins parfaites, moins puissantes que les projets d'ordonnance élaborés dans les bureaux du ministère de la guerre, ce qui nous semble passablement illogique.

Si on pense que les lois et les institutions de la France ne sont destinées qu'à maintenir immobile l'état social actuel, on est encore dans l'erreur; les lois, les institutions étant l'expression de l'état social, portent nécessairement avec elles la condition essentielle du progrès et des créations les plus actives. N'est-ce pas en effet, sous l'empire de cette législation à laquelle on refuse le pouvoir créateur en Algérie, que s'accomplit en France la plus grande innovation du siècle, l'emploi de la vapeur appliquée aux communications par terre et par mer.

Les prétendues circonstances exceptionnelles qui se produisent en Algérie, et qui, dit-on, nécessitent des mesures législatives et administratives exceptionnelles, ne sont autres que celles qui se sont produites autrefois en France, et dont la solution lente nous a amené à la perfection sociale d'aujourd'hui. Il est évident que si, dès le commencement de la civilisation, nous étions arrivés en France à posséder les Codes qui nous régissent aujourd'hui, nous aurions évité les très longues et très pénibles épreuves que nous avons subies.

Ne traiterait-on pas d'insensé tout homme qui, voulant appliquer la vapeur à quelque exploitation, recommencerait les tâtonnements des machines depuis vingt-cinq ans, sans vouloir tenir compte des progrès de la science et de l'expérience.

Nous ne saurions donc recommencer en Algérie le passé de la France; nous devons y arriver de prime abord avec notre état social tel qu'il est, parce que c'est, jusqu'à nouvel ordre, le dernier mot de la civilisation.

La dernière ordonnance du 17 janvier qui érige en direction la division de l'Algérie au ministère de la guerre, répartit les attributions de manière à présenter le résultat suivant :

Bureau des affaires politiques et civiles et du personnel.

Organisation du gouvernement et de l'administration civile. — Circonscriptions territoriales. — Correspondance générale. — Affaires politiques. — *Exéquatur* aux consuls étrangers. — Délimitation des frontières. — Affaires arabes. — Nomination des chefs indigènes et des interprètes. — Détenus indigènes. — Nomination à tous les emplois des services civils, judiciaires et financiers. — Cultes et établissements religieux. — Instruction publique. — Bibliothèques et souscriptions. — Recherches historiques et archéologiques. — Milice africaine. — Police générale. — Extraditions. — Centralisation et publication des documents statistiques.

Bureau de législation, du contentieux et de la colonisation.

Législation civile et criminelle. — Reconnaissance et constitution de la propriété. — Opérations cadastrales. — Prohibitions de vendre ou d'acquérir en dehors des limites déterminées. — Expropriations pour cause d'utilité publique. — Séquestre. — Législation musulmane. — Donations et legs. — Monts-de-piété et caisses d'épargne. — Concessions urbaines et rurales. — Aliénations, échanges et locations. — Régime hypothécaire. — Saisies et amendes. — Établissement des impôts territoriaux. — Poursuite des crimes et délits et de l'exécution des jugements. — Recours en grâce. — Pourvois au conseil d'Etat. — Conflits.—Actions domaniales.—Prises maritimes. —Constructions de villages. — Passages en Algérie. — Émigration et placement de colons et d'ouvriers civils. — Concessions de terres à titre gratuit ou onéreux.—Pépinières et cultures diverses—Etablissements agricoles.

Bureau du commerce, des travaux publics, des troupes indigènes et de la comptabilité.

Commerce intérieur et extérieur.—Importations et exportations. — Entrepôts et marchés.—Mouvement et police de la navigation.—Pêche du corail. —Conservation, boisement et exploitation des forêts.—Exploitation des mines.—Chambres de commerce.—Application des lois sanitaires.—Dessèchements.—Routes.—Travaux maritimes et coloniaux. —Construction, réparation et entretien des édifices affectés aux services civils. — Conservation, distribution et police des eaux. — Budgets des services spéciaux. — Comptabilité des dépenses concernant les services civils. — Présents aux chefs et agents indigènes.—Services télégraphique et topographique. —Personnel et matériel des ports. — Budgets des recettes et des dépenses coloniales. — Produits et revenus divers.—Contributions de guerre et prises sur l'ennemi.—Administration et comptabilité des biens et revenus des corporations indigènes. — Organisation, administration et comptabilité des services militaires indigènes (tirailleurs indigènes, spahis et troupes auxiliaires). Service maritime.— Apurement et liquidation de toutes les dépenses des services civils de l'Algérie et des troupes indigènes.

Or, n'a-t-on pas lieu d'être surpris de voir donner au ministère de la guerre d'autres attributions que les suivantes, savoir :

Les circonscriptions territoriales militaires; les affaires arabes ; la nomination des interprètes ; les présents aux chefs et agents indigènes ; le service topographique ; les contributions de guerre et prises sur l'ennemi ; enfin l'organisation du service militaire indigène.

Nous avons entendu à la Chambre des députés M. Gustave de Beaumont réclamer l'ordonnance de réorganisation du conseil d'administration de l'Algérie. On sent donc le besoin d'une meilleure organisation, et, chose étrange, on n'ose arriver de prime abord à la plus parfaite que nous connaissions, celle de la France.

Que sera en effet ce nouveau conseil d'administration, et quels seront ses fonctions et surtout ses pouvoirs? Représentera-t-il le gouvernement dans son entier, ou bien le seul ministère de la guerre? Dans le premier cas, ce sera un rouage inutile. Quelle distance, en effet, sépare l'Algérie de la France? 42 heures. Alger est aujourd'hui à 108 heures de Paris, et quand le chemin de fer de Paris à Marseille sera fait, cette distance sera diminuée de 40 heures. Alger, Bone et Oran ne seront plus qu'à 68 heures de Paris, c'est-à-dire plus près que ne le sont aujourd'hui Brest, Bordeaux, Marseille, Toulon, etc. A cette distance, le gouvernement ne peut être représenté que par lui-même.

Dans le second cas, ce sera perpétuer l'arbitraire dont personne ne veut à aucun prix.

Demandez à l'Algérie ce qu'elle pense de ce mode gouvernemental? Demandez lui combien de mois elle attend des décisions urgentes pour des affaires qui restent engravées au secrétariat du conseil d'administration à Alger, et à la direction du ministère de la guerre, dont les trois bureaux, surchargés comme on l'a vu, n'osent prononcer qu'après avoir été consulter de tous côtés?

Pense-t-on que les employés de la *direction d'Alger* ne seraient pas d'une bien autre utilité si, avec leur connaissance des affaires de l'Algérie, ils étaient attachés à d'autres ministères selon leur spécialité.

Pense-t-on que ce serait affaiblir le gouvernement du roi sur l'Algérie, si chaque ministère apportait à l'œuvre le tribut de son expérience et de ses lumières?

Au contraire, le gouvernement du roi agirait vite et bien; l'Algérie serait protégée par toutes les forces gouvernementales.

Il est vaguement question de deux combinaisons dont l'Algérie serait encore menacée.

1° Celle d'un ministère de l'Algérie et des colonies;

2° Celle d'une vice-royauté.

Un ministère spécial de l'Algérie et des colonies aurait le grave inconvénient de confondre l'Algérie et nos petites colonies; l'Algérie avec la Guadeloupe, la Martinique, la Guyane, Bourbon, et peut-être les îles Marquises; que savons-nous? Or, nous croyons avoir suffisamment prouvé que les choses étaient parfaitement dissemblables dans l'Algérie et les colonies. Ce ministère ne serait, quant à l'administration et à l'exécution des lois, que la succursale des autres; il donnerait lieu à des rivalités certaines à cause de l'empiétement des attributions et de l'emploi du personnel de toute classe qu'il serait obligé d'emprunter aux autres ministères, ou bien il serait *un gouvernement dans le gouvernement;* alors il faudrait lui créer des magistrats, des ingénieurs et des administrateurs à son usage. En un un mot, une doublure de toutes nos institutions. Mais son plus grave inconvénient serait de faire de l'Algérie une sorte d'Irlande, au lieu d'en faire une Corse.

Dans le cas d'une vice-royauté, il arrivera de deux choses l'une: ou le ministère de la guerre continuera d'administrer l'Algérie, si ce n'est le ministère spécial en question; alors le vice-roi ne sera qu'un simple gouverneur. S'il gouverne par lui-même, il est évident qu'à la deuxième ou troisième génération des vices-rois une séparation aura lieu;

car, avec la conscience que les Français ont de leurs droits, l'Algérie réclamera un gouvernement constitutionnel; alors il y aura des Chambres d'Algérie siégeant à Alger; un ministère complet d'Algérie, et l'Algérie au lieu d'être France sera un royaume algérien bien séparé de la France. Reste à savoir si la France veut faire les frais de l'établissement d'un état qui deviendrait très puissant, car il engloberait par la suite le Maroc et Tunis, et sera forcément le rival de la France.

Cette combinaison, qui, probablement réussirait dans l'intérêt de l'Algérie, abaissera d'autant plus la France qu'elle aura créé à ses portes une nouvelle grande puissance avec laquelle il faudra compter un jour. Il nous semble qu'il vaut encore mieux augmenter le sol de la patrie de 10 ou 12 mille lieues carrées; et que la nation sera plus reconnaissante à la dynastie qui accomplira cette œuvre, que de toute autre combinaison ne pouvant avoir qu'un sombre avenir pour la France.

Une dernière observation :

Les Français de l'Algérie sont soumis à la loi de recrutement, au titre de leurs départements d'où on les fait traquer comme des bêtes fauves; donc ils ne sont considérés que comme des oiseaux de passage en Algérie. Il y a mieux, si, par leur industrie, ils y ont fondé un établissement qui prospère, ils sont obligés de tout abandonner pour satisfaire aux charges d'une législation dont on leur dénie les bénéfices. Sous ce rapport, les Espagnols, les Italiens, les Maltais même, ces parasites de l'Algérie, sont infiniment plus favorisés que les nationaux.

Les Français ne peuvent, à la rigueur, s'installer définitivement en Algérie que lorsqu'ils ne font plus partie du contingent, ni de la réserve, autrement ils seraient exposés à perdre tout le fruit de leurs travaux. En core une fois, les avantages de toute espèce sont réservés aux étrangers.

Qu'alors le gouvernement proclame que la France répand en Algérie son sang le plus pur, et ses trésors au profit de l'Europe à l'exclusion des Français, car il ne résoudra jamais cette difficulté, savoir : si les Français seront Algériens pour la colonisation et Français pour le recrutement. Dans peu d'années, sur quels listes seront portés les enfants français nés en Algérie? Sera-ce sur les listes du tirage d'Alger, de Bône, d'Oran, etc., etc., ou sur les listes du département natal de leur père?

Si l'Algérie reste colonie ou possession française, pourquoi les Français qui l'habitent ne jouissent-ils pas du privilége de nos colonies d'échapper à la loi de recrutement? N'est-ce point assez du rude service de la milice? On veut bien profiter de la proximité de l'Algérie des côtes de la France, pour faire peser sur les colons les lois d'impôt, mais on dénie cette proximité quand il s'agit de les faire jouir des bienfaits de la législation quant aux droits civils et politiques.

Quant à nous, nous sommes plus patriote ou plus égoïste, nous voulons l'Algérie pour la France et non pour les étrangers, et nous appellons même l'attention du gouvernement sur la trop forte proportion de ces derniers impatronisés en Algérie, et armés en manière de milice africaine au lieu d'être milice française. Qui sait si un jour, lorsque notre armée, trop préoccupée de *la ligne saharienne*, sera aux limites sud de notre territoire algérien, une escadre anglaise ne se présentera pas devant Alger, Bone ou Oran, qu'un complot ourdi avec ces étrangers armés pourrait lui livrer, peut-être même à l'aide des 4,000 hommes de la légion étrangère, qui ne seraient pas difficiles à embaucher (1). Que ferait alors notre armée arrivant du Sahara, harassée, sans artillerie et sans vivres devant Alger, Bone ou Oran devenus Anglais ? En vérité, le gouvernement militaire passe toutes les bornes de la prudence.

O législateurs ! si vous y trouvez du charme, lisez avec attendrissement le délicieux et touchant roman de *Paul et Virginie ;* mais, de grâce, faites franchir à votre esprit la distance qui sépare les idées coloniales de ce temps-là des idées sociales d'aujourd'hui. L'Algérie a soif de légalité; c'est son espoir, c'est même la seule garantie d'un succès assuré, comme nous le démontrerons dans le chapitre de la colonisation.

---

(1) Il est bien entendu que cette supposition ne peut être faite pour tous les étrangers sans exception, et que, pour ce qui concerne la légion étrangère, les officiers en sont nécessairement exceptés, ainsi que les Français de la légion.

Colonisons avec le génie de la France, avec ses forces vives, et non avec des idées usées et hors de cours : le génie de la France est aujourd'hui la souveraineté nationale. Ne dénationalisons donc pas l'essaim que la France doit envoyer en Algérie en le privant de ses droits conquis au prix de tant de sang.

L'Algérie ne peut donc être *ni colonie, ni possession française ;* elle doit être France. Toute autre combinaison nécessitera toujours une armée d'occupation, venue de France, et conséquemment paralysera une partie des forces de la métropole sans augmenter sa puissance.

CHAPITRE V.

De la colonisation. — Rôle de l'armée dans la colonisation.

Si, repoussant pour l'Algérie le titre de *colonie* que les publicistes et presque tous les journaux lui appliquent à satiété sans trop se rendre compte de sa portée, nous adoptons le mot de *colonisation*, c'est simplement pour exprimer le fait de l'accession d'une population agricole dans cette contrée, et nullement dans une acception législative quelconque.

La colonisation de l'Algérie est diversement appréciée par nos législateurs.

Les uns croient que nous ne pourrons pas cultiver le blé en présence de la concurrence arabe; d'autres disent : il ne faut pas cultiver la vigne, parce que les alcools et les vins de l'Algérie feront une fâcheuse concurrence aux alcools et aux vins du Languedoc et de la Provence, etc., etc.

Dès lors, les intérêts particuliers consultés, il faudrait ne cultiver en Afrique aucun des produits similaires de la France; il faudrait, absurde conséquence, créer en Algérie un peuple uniquement consommateur.

Mais ce n'est pas ainsi qu'il faut comprendre la colonisation. Coloniser c'est attirer en Algérie des cultivateurs, des ouvriers, des négociants, etc.; c'est peupler le pays de 4 ou 5 millions de citoyens français, qui, lorsque ce chiffre sera atteint, étant taxés à une moyenne de 40 francs par tête, comme en France, contribueront annuellement au budget national pour la somme de 160 à 200 millions de francs, et fourniront leur contingent à l'armée.

Cette population, sans se préoccuper si les Arabes lui fourniront du blé, devra s'assurer la subsistance, conséquemment elle fera produire au sol tout ce dont elle aura besoin, puis quand son travail lui aura procuré le nécessaire, alors viendra l'excédent, c'est-à-dire la matière à échange; alors tout naturellement la production portera sur les objets qui auront le meilleur cours d'abord en France et dans les pays voisins. Ainsi nous prévoyons que lorsque les colons auront satisfait à la première de ces conditions, la matière du commerce extérieur consistera principalement en tabac, en huiles, en soies encore si chères, en laines, en peaux, en fruits secs, en coton, etc.

Cet avenir commercial ne saurait faire défaut à l'Algérie, puisque la France est annuellement tributaire de l'étranger pour 424,632,769 francs de produits qui sont presque naturels à l'Algérie, et qui ne demandent pour naître en quantité suffisante que des mains plus habiles que des mains arabes (1).

En présence de cette réalité, on nous pardonnera, nous l'espérons, d'avoir laissé au rang des hypothèses le commerce du Sahara et surtout celui de Tombouctou, dont le débouché le plus voisin a lieu par le fleuve Sénégal, que les bateaux à vapeur remontent à 200 lieues de la côte, ainsi que nous l'a affirmé M. le capitaine de corvette Bouet, gouverneur actuel du Sénégal. On nous saura donc gré de présenter la colonisation du point de vue français plutôt que du point de vue arabe.

---

(1) Nous extrayons du tableau général du commerce de la France, publié par le ministère pour 1842, la liste suivante des produits que la France a tirés de l'étranger.

	fr.
Laine en masse.	49,134,68[illegible]
Peaux fraîches, grandes.	14,161,14[illegible]
Peaux sèches, grandes.	17,462,002
Peaux de béliers, moutons et agneaux.	1,647,161
Peaux de chevreaux, sèches.	2,369,028
Soies grèges.	39,910,880
Cornes de bétail.	1,402,401
Os et sabots de bétail.	464,834
Froment, épeautre et méteil.	30,058,697
Citrons et oranges.	3,282,543
Câpres.	22,066
Olives fraîches.	112,113
Amandes.	174,253
Graines de lin.	32,698,665
Graines de ricin.	5,554
Huile d'olive.	28,439,129
Essences d'oranges et de citrons.	944,880
Tabac en feuilles.	30,346,662
Tabac fabriqué.	1,661,699
Corail brut.	74,470
Corail taillé.	1,324,160
Peaux préparées.	139,499
Total.	257,836,521

Report	257,836,521
Chevaux.	7,678,980
Tapis,	672,725
Vins de liqueurs.	1,090,326
Cire jaune et blanche non ouvrée.	809,311
Acide citrique.	495,664
Armurea ou marc d'olive.	205,947
Noix de galle.	1,719,470
Carthame.	324,607
Garance.	112,566
Coton en laine.	142,440,491
Lin.	1,971,869
Chanvres teillés.	5,483,730
Liége brut et rapé.	324,792
Fleurs d'oranger.	363,458
Feuilles d'oranger.	91,483
Herbe d'absinthe.	10,829
Total.	424,632,769
On pourrait y ajouter	
Indigo.	33,302,188
Cochenille.	3,306,242
Total général.	461,241,199

Dans cette somme n'est point comprise celle des produits probables des mines.

Peut-être, nous objectera-t-on, que si un jour l'Algérie pouvait fournir à la France une grande partie des produits que nous tirons de l'étranger, l'exportation française en souffrirait; mais qu'importe, quand nous en serons arrivés à ce degré de prospérité, l'Algérie sera couverte d'un peuple d'autant plus consommateur qu'il sera plus riche. Nous croyons d'ailleurs que la guerre de tarifs que se font les douanes est la seule véritable cause de la diminution des exportations.

D'ici à longtemps, l'Algérie ne fabriquera rien, car longtemps encore, elle manquera de combustible, qui est l'agent principal de toute usine, de toute manufacture; ainsi, elle consommera les produits manufacturés de France, en échange des produits de son sol fertile. L'avenir commercial de l'Algérie est donc tout entier dans l'agriculture.

Peut-être le contact des Arabes nous apprendra-t-il bien des choses que nous avons oubliées en France; savoir: que le premier besoin à satisfaire pour l'homme, est de manger, d'être vêtu et abrité; qu'il ne faut fabriquer que pour satisfaire aux demandes, et pas au-delà, qu'il faut demander plus à la terre qu'à l'industrie, laquelle, sans produire réellement, ne fait que transformer les matières premières en objets plus ou moins utiles.

Chez les Arabes, on ne sait ce qu'est l'encombrement des produits manufacturés; on ne connaît pas la détresse des travailleurs; on ne connaît point cette population arrachée au labeur de la terre et plongée dans le gouffre de la concurrence illimitée, population qui meurt de faim à la moindre oscillation commerciale, et qui, étiolée et épuisée, ne peut reprendre la bèche ou le manche de la charrue quand la fabrication lui fait défaut.

En Algérie, les Arabes sont vêtus de burnous grossiers, mais chauds ; ils ne connaissent pas ces étoffes sans corps, qui flattent l'œil sans vêtir ; en Algérie, les riches paient cher les objets de luxe qu'ils font venir des villes et de l'étranger, et le pauvre paie bon marché les vivres et les bonnes étoffes de laine dont il compose son habillement.

On n'y connaît pas cet état anormal d'un peuple qui manufacture trop, et qui ne produit pas les nécessités de la vie en assez grande abondance.

On ignore cette concurrence effrénée, qui n'a d'autre résultat que de vendre à bon marché aux riches les objets fabriqués par les pauvres, et fort cher aux pauvres, les vivres produits par les terres des riches.

Mais il n'est pas certain que la culture des céréales ne puisse subsister en présence de la concurrence arabe. Ce sont les Kabaïles qui généralement cultivent pour les Arabes ; s'ils trouvent un léger avantage de paie chez les Français, ils viendront travailler pour eux et délaisseront les Arabes, comme cela est déjà arrivé avant 1840. Il serait bien possible qu'avant peu ce fussent au contraire les Arabes qui auront besoin du blé des Français, et qui viendront l'acheter en échange de leurs laines, de leurs bestiaux et des fruits du Sahara. Alors le Sahara, dans lequel nos armées vont guerroyer, serait bien mieux soumis par ses besoins que par la ligne Saharienne.

Tant que les Arabes resteront Arabes, ils ne cultiveront pas beaucoup, car la culture exige des bras, et ils en manquent, ainsi que nous l'avons prouvé.

Si dans les commencements, la concurrence des Arabes pour la production des céréales peut nous être désavantageuse, nous n'aurons pas longtemps à la redouter. La véritable impossibilité qui nous arrête actuellement est la rareté des capitaux, qui suspend l'arrivée des travailleurs, produit la cherté de la main-d'œuvre, et parconséquent rend impossible la culture des céréales.

Jetons actuellement un coup d'œil rapide sur la situation économique de notre conquête.

Sauf quelques sommes apportées par un trop petit nombre d'hommes honorables et courageux, sommes dont une partie a été engloutie en 1839 par suite des fautes du gouvernement militaire, les seuls capitaux qui, jusqu'à présent, ont pris la route de l'Algérie, sont ceux du budget de l'occupation. C'est par le roulement de ce budget que presque tout s'est fait en Algérie. Les principaux constructeurs de maisons, sauf, disons-nous, quelques-uns, sont des hommes qui, après avoir gagné facilement et prompment de l'argent par le commerce des vins, des comestibles et autres objets de consommation usuelle, ont eu la pensée de fonder.

Cette assertion est démontrée par ce fait, que les constructions, le défrichement et le commerce ont pris d'autant plus d'activité que le gouvernement a répandu plus d'argent pour la guerre.

Mais on conçoit que ce progrès incontestable est lent en comparaison de ce qu'il aurait été, dû à la présence de grands capitaux privés. On conçoit également qu'il est une ruine pour l'Etat.

La population civile ne s'est accrue qu'avec le chiffre de l'effectif de l'armée, et il est à remarquer qu'elle n'avait jamais dépassé la moitié de cet effectif, si ce n'est depuis un an qu'elle a atteint le nombre de 65,000, par la mesure inconsidérée du ministère de la guerre, qui provoqua naguère les travailleurs à se rendre en foule en Algérie.

Mais les travailleurs arrivant sans que les capitaux suivissent le même mouvement, la misère la plus affreuse se fit sentir à Alger parmi ces nouveaux venus qu'on ne sut à quoi employer ; alors il fallut suspendre les émigrations, et même faire refluer en France ces hommes auxquels on ne put donner d'ouvrage, et le nombre en fut grand.

La colonisation ne fera donc de progrès réels et rapides que lorsque l'on aura su attirer dans le pays une bonne partie de ces capitaux actuellement improductifs en France, où ils se font concurrence pour un intérêt qui s'avilit de jour en jour.

Bien qu'en France les capitalistes soient à la recherche de bons placements, bien qu'ils soient disposés à courir des chances mille fois moins certaines que celles de la colonisation du riche territoire algérien, il est des dangers qu'ils n'ont pas encore osé affronter, ce sont ceux que courrait leur argent dans un pays où l'on proclame hautement que *les institutions civiles affaiblissent les Etats*, dans un pays où l'Etat normal est la guerre, où l'on conserve au chef de l'armée le droit de déporter sans jugement, où la justice est subordonnée à l'arbitraire du chef de l'armée (1), où enfin on ne cesse de répéter aux colons qu'*ils ne sont que tolérés*.

Mais que l'on réunisse l'Algérie à la France par une loi, que l'on y transporte tout d'une pièce les institutions françaises, que tout le monde y jouisse des droits civils et politiques, que des départements soient créés, et que l'autorité militaire y rentre dans son rôle spécial ; alors, on y verra accourir en foule, non cette masse de travailleurs faméliques, auxquels on ne peut donner de travail, mais la foule des capitalistes à la recherche de placements, ceux dont l'unique et vif désir étant de siéger à la Chambre législative viendront chercher eu Algérie le mandat qu'ils n'ont pu trouver en France. Alors, avec les capitalistes, pourront arriver, en aussi grand nombre qu'on le voudra, tous ces travailleurs, dont le nombre, loin d'être un embarras, sera un bienfait.

Fonder une colonie ne séduit personne, si ce n'est quelques hommes aventureux : on sait par cœur l'histoire des colonies. Mais s'il est arrêté définiti-

---

(1) Les juges ne sont pas inamovibles.

vement que c'est la France elle-même qui doit s'étendre en Algérie, que c'est la patrie telle qu'on la connaît en France qu'on y offre aux émigrants, c'est-à-dire son droit de propriété, ses lois, ses institutions et tous les droits politiques (1). Si on proclame qu'en venant en Algérie on ne fera que passer des départements de la France dans les départements algériens, qui ne comprend tout l'entraînement de la France à concourir à une œuvre dont le résultat sera l'agrandissement physique et moral de la patrie? Qui douterait du renouvellement, pour cette réalité, de tout l'enthousiasme frénétique qui se manifesta, il n'y a pas un siècle, pour la chimère de la rue Quincampoix?

En vain, on alléguera qu'il faut attendre, pour

(1) Dans la séance de la chambre des pairs, du 16 juillet, M. le comte de la Villegontier a fort bien parlé sur l'Algérie, il a dit : « *Ce qu'il faut que l'Algérie sache bien, c'est qu'elle fait partie de la France, c'est qu'elle est à jamais incorporée à la France : cela seul sera un puissant moyen d'adhésion* (de la part des indigènes). Mais nous ne connaissons aucune disposition législative qui confirme le dire du noble pair. Tous les dires à ce sujet, toutes les protestations non suivies d'un *vote*, d'une *promulgation*, n'ont aucune valeur. Comment se fait-il que personne n'ose proposer ce que tout le monde désire, savoir la loi de réunion de l'Algérie au territoire français.

M. le comte Dubouchage a dit dans la même séance qu'il ne fallait que que deux choses pour coloniser l'Algérie, *une bonne loi sur la propriété et la sécurité*. En vérité, on ne peut qu'être surpris d'entendre tout ce qui se dit dans les chambres sur l'Algérie. *Une bonne loi sur la propriété*? Comment faire *isolément* une bonne loi sur la propriété; ne dirait-on pas que la législation d'un pays est un composé de lois étrangères les unes aux autres, une pièce à tiroir dont les scènes sont indépendantes entre elles. La législation d'un pays est un *tout* dont les parties sont en corrélation, intime et solidaires les unes des autres. M. le comte Dubouchage aurait dit avec plus de vérité, *il ne faut qu'une chose pour coloniser l'Algérie, c'est la réunion de son territoire à la France.*

former un collége électoral, que la matière électoral existe. Nous prétendons, au contraire, qu'elle se développera promptement en créant d'avance des droits à ceux qui parviendront à justifier du cens. Ne comprend-on pas, du reste, qu'en présence des terreurs politiques qui assiègent le ministère, on ajournera sans cesse la concession des droits politiques, sous le prétexte que la population électorale n'est pas créée (1). Peut-être faudra-t-il solliciter la permission du cabinet anglais, ou celle du cabinet turc, permission qui sera d'autant plus refusée, qu'elle sera plus humblement demandée.

Quelques colons craindront sans doute qu'avec la légalité n'arrivent les impôts de toute espèce, tels qu'on les paie en France; mais déjà ils y arrivent en foule, le timbre a fait invasion l'an dernier, et

---

(1) On peut, dès à présent, se convaincre que le ministère craint d'être mis en demeure de concéder les droits civils et politiques : 1° par l'intention manifestée dans le projet d'ordonnance sur la propriété, de prohiber les acquisitions au delà de la limite fort restreinte du ressort des tribunaux, et cela au moment où l'on proclame que la sécurité existe jusqu'au Sahara; 2° par la défense aux officiers et aux fonctionnaires d'acquérir sans autorisation du ministre de la guerre, autorisation que nous avons démontrée être illusoire. Enfin, par la résistance apportée de la part de l'administration algérienne aux demandes de grandes concessions, faites par quelques capitalistes, auxquels on a nettement dit que l'on ne voulait que de petits propriétaires en Algérie.

Il n'est pas douteux que ces obstacles, opposés à l'élan de la colonisation, ne proviennent de l'appréhension qu'a le gouvernement d'être débordé par un grand nombre de colons influents. Il ne veut accepter que des hommes dont la voix n'aura aucune portée, aucun écho, et qui, aux termes de nos lois, n'auront jamais de droits à revendiquer. Mais il est déjà débordé, et nous pourrions citer une longue liste de colons influents, parmi lesquels on trouverait à composer un collége électoral, un conseil général et des conseils municipaux.

sera sans doute suivi d'un cortége nombreux : est-il d'ailleurs nécessaire de porter tout d'abord les taxes aux mêmes taux qu'en France? La Corse ne nous offre-t-elle pas l'exemple d'une diminution de tarifs, sans que les contribuables soient privés de leurs droits politiques.

Hâtons-nous donc d'assimiler l'Algérie à la France, comme on l'a fait pour la Corse, et formons sans retard des départements d'après le mode qui sera proposé ci-après.

Alors, la question sera résolue, et le progrès réel commencera.

Mais si ces grandes et énergiques mesures doivent être adoptées sans retard, il en est d'autres de détail qu'on ne saurait négliger.

L'expropriation (1) ne devra jamais avoir lieu

(1) Le village de Sainte-Amélie, établi sur un terrain d'expropriation, serait, d'après l'administration *, formé d'une circonscription territoriale de 675 hectares environ. Dans l'expropriation faite, on remarque une singulière circonstance, c'est l'appréciation suivante faite par l'expert de l'administration :

	h.	a.	c.	à fr. de rente.	
Prairies naturelles, 1re q.	36 h.	18 a.	80 c.	à 20 fr. de rente.	723f.64c.
Prairies de 2e qualité.	80	73	28	12	968 86
Terres labour. 2e qualité,	12	63	20	10	136 32
Broussailles, bois, taillis d'oliviers sauvages, lentisques, etc.	42	99	20	8	343 93
Landes, montagnes couververtes de palmiers nains, a joncs, roseaux, enfin terres de mauvaise qualité.	502	45	40	3	1507 35
	675 h.	99 a.	88 c.	rentes.	3,680f.00c.

Il résulte de ce rapport, adopté par le conseil d'administration d'Alger

* Page 159 du tableau des établissements français en Algérie, en 1842.

pour autre motif que pour les causes d'utilité publique admises en France et non pour faire des villages officiels ou pour cause d'inculture, attendu qu'il est d'autres moyens d'obtenir la mise en valeur des terres cultivables, entre autres celui de frapper de taxes onéreuses tous les terrains détenus en friche.

On devra cesser de vendre les immeubles ruraux du domaine, à l'enchère, au plus offrant et dernier enchérisseur, car nous ne comprendrons jamais que le moyen d'attirer des habitants sur une terre à coloniser, soit de la mettre à l'encan. Ce mode a fait monter à 3, 4 et 5 lieues d'Alger le prix de la terre à 5 ou 600 fr. l'hectare (voir la série de *l'Akbar,* journal des annonces légales d'Alger), et même à un prix plus élevé (1).

Les terres devront être classées en zones, selon le degré de sécurité, et cotées à prix fixe(de 20 à 50 fr. l'hectare en capital, selon leur qualité), puis divisées en lots de diverses étendues, selon l'impor-

---

et par le ministère de la guerre, que l'on a choisi pour fonder un village, un territoire de 675 hectares, dont 502 sont en terres de mauvaise qualité.

De deux choses l'une, ou l'on a fondé un village dans des conditions de prospérité impossible, ou l'évaluation est inexacte et spoliatrice. Ce fait, auquel on pourrait en ajouter bien d'autres, prouve surabondamment combien il est urgent que la légalité succède à l'arbitraire d'une administration incapable de comprendre le progrès.

(1) Le propriétaire évincé de Sainte-Amélie a dû, pour placer provisoirement ses troupeaux que l'administration chassait, racheter du domaine (à l'enchère) 5 hectares de terre, qui sont montés à 80 fr. de rente l'hectare, soit à 800 fr. au 10 pour 100. Ces cinq hectares sont sur le Bou-Zaria, montagne assez aride, à deux lieues d'Alger.

tance des capitaux que posséderont les demandeurs.

Si on avait procédé à la vente des terres comme nous l'indiquons ici, nous aurions déjà une population mahonnaise tout agricole de 18 à 20 mille âmes, fixée au sol par la possession ; car venue tout acclimatée par la similitude de leur pays avec l'Algérie, elle aurait préféré prendre pour son compte des terres à bas prix plutôt que de louer à grands frais celles achetées par des spéculateurs.

Il eût été fort utile de favoriser spécialement les Minorquins que leurs sympathies rapprochent des Français, et qui, à vrai dire, sont les seuls étrangers ayant une valeur coloniale ; une partie de ces Minorquins, venue sans capital, a trouvé le moyen, par son travail, de gagner de l'argent, mais pas encore assez pour acheter des terres au prix où le domaine les vend ; dès lors, au lieu d'être attachée au sol qu'elle ne cultive qu'à loyer et qu'elle peut quitter d'un instant à l'autre, elle nous est encore étrangère. Le reste de cette population mahonnaise, venue également avec le désir de cultiver, ne l'ayant pu faire, s'est louée pour travailler sur les routes ; par conséquent elle n'a point augmenté le nombre des colons.

Passons à l'examen des moyens de colonisation employés jusqu'à présent. En première ligne, on voit une guirlande de villages administratifs, placés méthodiquement comme pourrait l'être un cordon de camps. Dans ces villages, on donne des terres incultes à des gens qui n'ont rien. Les maisons, mal construites, nous ont paru manquer de ces mille et une annexes nécessaires aux véritables fermes. On a imposé à ces pauvres colons des clauses sévères d'expulsion, si les conditions exigées ne sont pas remplies.

Qui ne sait, cependant, comme le dit M. Mathieu de Dombasle, *que la terre ne rend qu'autant qu'on lui donne;* or, qu'ont à lui donner ces nouveaux colons sans ressources?

D'ailleurs, en supposant que ce mode réussisse complétement, quel temps énorme ne faudra-t-il pas pour peupler seulement 100 lieues carrées? C'est avec grand'peine qu'on est parvenu à construire chaque année 4 villages qui ont pu recevoir moyennement 250 à 300 habitants chacun; conséquemment, pour peupler par ce mode, 100 lieues carrées à raison de 420 habitants par lieue (défalcation faite des Arabes), c'est-à-dire pour installer 42 mille colons, il faudrait 35 ans. Pour peupler un seul des départements dont nous proposerons la formation, et dont la surface est de 600 lieues carrées, il faudrait 210 ans, *en supposant toutefois qu'il n'y ait aucun déchet.* Il faudra le double de temps, en tenant compte des pertes et des mécomptes imprévus.

Les villages administratifs ne sont donc point un moyen appréciable de colonisation; ce mode est tout au plus bon pour leurrer les voyageurs et les illusionner comme le fut jadis l'impératrice de Russie, trompée par les villages en planches peintes de Potemkin. C'est à ce piège que s'est laissé prendre l'honorable M. Gustave de Beaumont (1).

Nous lisons, dans les journaux d'Alger, que M. le directeur de l'intérieur vient de faire une tournée au pied du petit Atlas pour y déterminer les emplacements de plusieurs villages et même d'une ville. Mais quelque confiance que nous ayons en la sagacité de ce fonctionnaire, nous ne saurions lui accorder le don de prévoir, dans une simple promenade, quelles sont les localités où pourront prospérer des villes et des villages.

En Europe, les villes et les villages ne naissent que dans des localités où des intérêts existent déjà par suite de la création de routes et de canaux. Il ne suffit pas du choix d'un site agréable pour donner à une ville ou à un village des chances de prospérité; il ne suffit pas de dire : *là sera une ville, là sera un village.* Versailles et Richelieu (2), villes fondées, la pre-

---

(1) M. D.... avait obtenu au village de Montpensier, près Blida, une concession de terrain. Possesseur d'un capital de 2,000 fr., ce colon avait sagement pensé qu'il devait mettre d'abord ses terres en valeur avec ses avances, se contentant pour le présent d'une barraque en planches; mais ce n'était pas le compte de la direction de l'intérieur d'Alger. On enjoignit au sieur D.... d'avoir à bâtir une maison. Chaque jour un agent venait constater l'état des travaux et le nombre de maçons qui ravaillaient. Enfin, les deux mille francs mangés en bâtisses, le sieur D..., à la veille d'être dépossédé pour n'avoir pas rempli les conditions, fut assez heureux pour trouver, dans sa concession, un remplaçant qui le dédommagea de ses avances. N'est-il pas évident qu'on colonise pour les touristes; il faut des villages qui frappent plus la vue que des champs ensemencés.

(2) Département d'Indre-et-Loire.

mière par Louis XIV et la seconde par les courtisans du cardinal de Richelieu, sont aujourd'hui sans vie et sans avenir. La première ne subsiste que par le concours d'étrangers, attirés par la curiosité, surtout depuis l'heureuse idée qu'a eue le Roi d'y fonder un musée national ; la seconde est un désert qui ne se peuplera peut-être jamais, elle est presque oubliée.

L'Algérie nous offre déjà un exemple du sort à venir des fondations de villes *à priori :* c'est Douera ! Tant que la route qui traverse ce camp fut la seule qui conduisait d'Alger à Boufaric, à Blida et dans l'intérieur du pays, on a pu croire que le faubourg du camp deviendrait une ville ; mais depuis que la route de Blida, mieux entendue que l'ancienne, est tracée par Bir-mad-raïs et Bir-kadem, Douera n'a plus de chance d'agrandissement. Peut-être même le vaste établissement militaire qu'on y a construit à grands frais deviendra-t-il très secondaire, si ce n'est inutile.

C'est donc aux routes et aux communications qu'il faut employer d'abord tous les fonds disponibles. Les communications font naître des intérêts et attirent des habitants ; elles suffiront pour donner naissance, sans l'officieux concours du directeur de l'intérieur, à des villages qu'on devra doter d'églises, de fontaines, de mairies, d'écoles, etc.

On a livré à d'autres colons quelques villages construits par les condamnés militaires ; mais comme, grâces à Dieu, le nombre de ces travailleurs n'est pas illimité, le progrès que ferait la colonisation par ce moyen serait encore inappréciable, car c'est à peine si deux villages ont été construits par an, à raison de 150 ou 200 habitants par village.

Nous préférons le mode proposé par MM. Caussidou et de Vialar, consistant à former des villages sur leur terres, moyennant une avance faite par l'Etat et remboursable par fractions ; il est à craindre que ce mode, proposé par des hommes qui sont depuis longtemps à Alger et qui ont foi en l'Algérie, trouve peu d'imitateurs chez les capitalistes français. Quoique bon, il n'est encore, à notre grand regret, qu'une exception.

Les trappistes réussissent aussi au-delà de toute espérance ; mais ils sont peu nombreux, conséquemment leur établissement n'est pas d'une valeur appréciable pour l'augmentation de la population. Il sera d'une utilité majeure, comme ferme modèle, comme école d'agriculture, et le journal agricole qu'ils se proposent de publier deviendra le manuel le plus positif du vrai colon.

Il faut cependant marcher d'un pas plus rapide dans l'œuvre de la colonisation, et nous sommes convaincus, qu'après y avoir mûrement réfléchi, ceux qui nous liront, acquerront la certitude que l'accession en Algérie de forts capitaux particuliers, peut seule produire cette accélération si désirée. Mais pour attirer ces capitaux, qu'on nous pardonne de le répéter, le moyen le plus efficace est de leur donner la garantie de la réunion de l'Algérie à la France, et de l'introduction dans ce pays de notre mécanisme social tout entier.

Ce n'est pas la crainte des Arabes qui arrête l'accession des capitaux, c'est la crainte de l'illégalité, de l'arbitraire ; on expose volontiers sa vie dans une entreprise aventureuse, mais on y regarde de très près pour engager son argent.

Si l'Algérie était à 2,000 lieues de la France, nous aurions nous-mêmes des doutes sur l'efficacité immédiate du système que nous proposons, car avant de se décider, les capitalistes voudraient prendre des informations longues et difficiles à obtenir. Mais on peut voir, avant de se décider ; en moins d'un mois et avec 500 fr., on peut aller passer vingt jours en Algérie. Quel ne serait pas l'effet certain sur la détermination des gens, de trouver en arrivant *mairie, |préfecture véritables, notaires d'institution royale, enfin la France,* au lieu d'être ballotés du dédale de la *direction des finances* au labyrinthe de la *direction de l'intérieur,* et en désespoir de cause de se *casser le nez* dans le cabinet du gouverneur qui vous renvoie au ministère de la guerre, à Paris, lequel vous a d'abord adressé à Alger. Nous pourrions citer maints exemples de ce fait.

La tâche du gouvernement n'est pas d'installer lui-même des prolétaires privés de ressources dans des villages où ils manquent de tout, au point d'être forcés de manger les grains qu'on leur donne pour semence. C'est l'impulsion qui est le devoir du gouvernement, or l'impulsion ne se donne que par les institutions et des garanties.

Sa tâche n'est pas d'encourager ceux qui n'ont que leurs bras, mais ceux qui ont des capitaux, parce qu'à la suite de ceux qui possèdent, viennent les travailleurs. Sa tâche sera d'accorder des primes considérables à tout colon qui présentera une métairie en bon état, des champs bien défrichés et bien plantés d'oliviers, de mûriers, des pâturages couverts de nombreux bestiaux. On accorde bien des millions pour la pêche de la morue et du hareng, afin de développer le mouvement de la navigation; mais nous ne sachions pas que la navigation y perdrait si elle devenait le pont toujours praticable qui mènerait de France en Algérie et réciproquement; la Méditerranée est, Dieu merci, un assez vaste bassin pour augmenter le mouvement maritime de la France et former des marins.

Nous n'examinerons pas tous les projets d'organisation *des travailleurs hiérarchisés en légions coloniales* de M. le maréchal Bugeaud, *des bataillons civils* de M. Enfantin et autres. Il leur manque la sanction de l'expérience; ce n'est pas avec des projets encore à l'état de théorie plus ou moins obscure que l'on attirera des colons, mais c'est avec du *connu*, du *certain*, de l'*éprouvé*. Si Napoléon, ce génie si perspicace, a repoussé Fulton comme un rêveur, comment espérer que le vulgaire donnera dans les rêveries de tel ou tel.

Ces projets ont d'ailleurs le grave inconvénient

de ne pouvoir être mis en pratique qu'avec l'argent de l'Etat. En admettant, ce qui est excessif, qu'on parvienne à installer par an 25,000 de ces colons enrégimentés, il faudra construire *a priori* chaque année 50 villages de 100 maisons à 5 habitants par maison, donner à chaque maison des instruments de labour, au moins 5 bœufs ou vaches et quelques moutons, car nous ne concevons pas de culture sans bestiaux et sans engrais pour les terres, il faudra nourrir ces colons pendant un an au moins. Or, quelque économie que l'on mette à ces installations, elles coûteront au moins 1000 fr. par colon, c'est-à-dire 25 millions par an, chiffre formidable qui ne sera jamais voté.

En supposant qu'aucun de ces 25 mille colons ne meure, il faudra 20 ans pour peupler 1200 lieues à raison de 420 habitants par lieue carrée, chiffre suffisant à cause de la rareté des eaux, ou plutôt 40 ans, en tenant compte des pertes et une dépense de plus d'un milliard.

Pour peupler seulement la zone comprise entre la mer et une ligne passant par Tlemcen, Mascara, Miliana, Medeah, Hamza, Setif, Constantine et Tiffech, ou bien environ 4,500 lieues carrées, beaucoup moins que la moitié du pays; il faudrait plus de deux *cents* ans.

Mais outre l'incertitude du vote annuel de 25 millions, quels moyens emploiera-t-on pour enlever chaque année à la France 25,000 colons hiérarchisés ; sera-ce par le recrutement ou par une loi coërcitive? Nous laissons cette grave difficulté à résoudre aux législateurs.

A quoi sert donc dès lors de batailler pour soumettre toute l'Algérie, puisqu'en supposant que l'on y jette par an 25,000 colons militaires, on ne pourrait coloniser au plus que la dixième partie du pays en 50 ans. A quoi sert de dévouer à cette œuvre stérile une armée de près de 100,000 hommes et d'y dépenser près de 100 millions par an, pour s'emparer de terrains que nous ne pourrons utiliser avant des siècles.

Les divers systèmes adoptés ne peuvent donc soutenir l'examen ni subsister en présence d'une simple idée pratique, et l'on doit être convaincu que la colonisation ne peut se faire promptement par aucun des moyens employés jusqu'à présent.

Le gouverneur général demandait une augmentation de l'armée actuelle et de son côté, la Chambre des Députés demandait une diminution de 15 mille hommes. Qui a raison des deux ? Personne; mais le gouverneur général, fidèle à son système de guerre et de gouvernement militaire, est au moins conséquent avec ses principes, et tant qu'il ne sera pas décidé que ce système n'est pas une nécessité, tant qu'on le laissera prévaloir en Algérie, il faut lui accorder ce qu'il demande (1).

Néanmoins, quelque ennemi que nous soyons de cette guerre inutile et anticivilisatrice, nous décla-

(1) L'affaire de Maroc a changé la situation.

rons que le retrait de 15 mille hommes de l'armée serait un malheur pour l'Algérie. Nous avons fait comprendre comment la prospérité actuelle du pays dépendait essentiellement de l'accession du budget de l'armée. Or, diminuer brusquement l'armée de 15 mille hommes serait supprimer tout d'un coup un roulement annuel de plusieurs millions, ce serait une grave atteinte portée à la situation économique de l'Algérie. On ne pourra diminuer l'effectif de l'armée que lorsqu'on aura attiré dans le pays un capital particulier à peu près équivalent à la dépense qu'elle y fait. C'est une nécessité fâcheuse, mais il faut la subir et adopter sans retard les mesures que nous croyons propres à appeler ce capital.

Si on demande ce que fera l'armée après l'adoption d'un système purement défensif, vis-à-vis les Arabes, nous répondrons que 40 mille hommes devront être employés aux travaux des routes, des ponts, aux constructions de monuments publics, et surtout au reboisement du pays en grand.

Le gouvernement militaire d'Alger annonce que depuis 1842, 400 lieues de routes carossables ont été achevées par l'armée; nous ne croyons pas à ce prodige, et il nous serait facile, par un simple calcul, de prouver qu'on n'a eu ni le temps, ni les moyens de les construire; il ne s'agit au reste que de s'entendre sur ce qu'on appelle route. Par route, nous entendons des routes à la Rovigo, en tout semblables à celles de France, et praticables en toute saison. M. de Beaumont, qui vient récemment de parcourir la province d'Alger, pourrait nous dire ce que sont ces routes, si déjà le *Moniteur* algérien ne nous avait fait connaître qu'à l'entrée de la mauvaise saison, il était interdit aux voitures civiles de dépasser Blida.

Il nous serait aussi facile de prouver que la communication de Cherchell à Milianah est à peine ébauchée, que sauf quelques fragments de routes faites antérieurement à l'administration de M. le maréchal Bugeaud, tout ce qu'on décore aujourd'hui de ce nom n'est que le sol débarrassé de broussailles, blocs de pierre et autres obstacles.

C'est pourquoi nous demandons que 40 mille hommes de l'armée soient pourvus des instruments nécessaires au travail de *routes véritables* et sérieusement affectés à ce préliminaire obligé de toute colonisation.

Nous indiquerons plus loin les routes qu'il est indispensable de commencer et de parachever.

Il est superflu, nous l'espérons, de démontrer plus longuement que la colonisation par l'Etat, c'est-à-dire l'installation de prolétaires dans des villages confectionnés d'avance sera très dispendieuse, sans avoir des chances assurées de succès, que d'ailleurs elle est impuissante à peupler promptement l'Algérie.

Ce ne sera donc que par la rapide accession des capitaux privés qu'on obtiendra des résultats prompts et certains; mais qui possède le capital en France, si ce n'est en général les électeurs?

Or, pense-t-on que ces électeurs, dont la position a bien ses avantages en France, iront aliéner leur avoir, qui précisément leur confère les droits politiques, pour se transporter en Algérie, où ils en seront privés, et pour risquer leur avenir sans les garanties que leur offre la mère-patrie ?

Après avoir mis à néant les prétendus obstacles qui s'opposent, dit-on, à la réunion immédiate de l'Algérie à la France, il nous reste à combattre les objections du gouvernement militaire.

Il prétend qu'il serait illogique de donner la prééminence aux institutions civiles dans un pays où l'on est sans cesse en présence de l'ennemi; qu'il serait absurde de subordonner l'armée qui est encore *la chose principale* en Algérie, à l'élément civil, à la colonisation, qui ne sont, selon lui, que l'*accessoire*.

A moins qu'on ne préfère aux raisonnements par lesquels nous sommes arrivés à nous rendre compte du chiffre et des ressources militaires de la population arabe, l'hyperbole dénuée de tout fondement, par laquelle on l'a élevée à 7 ou 8 millions, même à 4 millions, on doit être convaincu du peu d'importance de cette population. Dès lors le secret de la domination en Algérie se réduit *à cesser de poursuivre les Arabes sur des espaces illimités, dans l'espoir d'obtenir une conquête générale sans avantage appréciable, mais à les empêcher de parcourir hostilement des espaces limités sur lesquels nous devons nous hâter de faire arriver une nombreuse population française.*

Il est au moins étrange que la colonisation, but principal que se propose la France en Afrique, soit considérée par les autorités militaires comme *l'accessoire*. Il n'y a en Algérie ni accessoire ni principal; il y a *un but* et *des moyens d'atteindre ce but*.

Or, la seule manière d'atteindre ce but, la seule en harmonie avec le progrès social actuel, c'est de faire de l'Algérie une France, et du peuple qui l'habitera un peuple français dans toute l'acception du terme. Le moyen, pour ne pas dire l'instrument de cette œuvre, a été nécessairement l'armée tant qu'on a cru qu'il fallait combattre; mais aujourd'hui, qu'il est acquis que les Arabes ne sont ni l'élément principal de la colonisation, ni l'ennemi formidable qu'on a complaisamment considéré comme tel jusqu'à présent, il faut cependant bien que l'ordre se rétablisse, et que chacùn rentre dans sa spécialité.

L'armée et le ministère de la guerre ne sont point des pouvoirs dans l'Etat. Chaque soldat est un citoyen, qui, bien que sous les drapeaux, n'en est pas moins soumis aux lois de l'Etat et en jouissance de tous ses droits de citoyen; car les seules lois exceptionnelles applicables temporairement aux militaires sont celles relatives à la justice militaire, mais elles ne font point cesser l'action des lois civiles et politiques. Les chefs de l'armée ni le ministère de la guerre ne sauraient donc conserver plus longtemps un mandat légal pour gouverner l'ordre civil et judiciaire en Algérie.

Un autre argument que fait valoir le gouvernement militaire d'Alger en faveur de la continuation de son mandat, c'est que tous les peuples ont eu leur enfance, leur virilité et leur caducité, que le peuple algérien en est à la première phase, et qu'il lui faut des institutions en rapport avec son état actuel.

Cela serait vrai, si la colonisation devait se faire uniquement avec des Arabes ; mais il n'en est point ainsi : nous avons clairement démontré que 4 millions de Français devaient peupler l'Algérie. Or, que nous sachions, ces 4 millions de Français ne retomberont pas dans l'enfance sociale par le seul fait de leur passage en Algérie ; il n'est donc nullement besoin de les remettre en lisière et de confier leur éducation à l'élément militaire (1), qui n'a jamais

---

(1) Il est curieux de savoir jusqu'à quel point le conseil d'administration d'Alger, présidé par le gouverneur général, tient en tutelle le directeur de l'intérieur. Lorsqu'il fut question de pourvoir d'une manière plus efficace au nettoiement des rues d'Alger par une entreprise de balayage, le directeur n'osant agir, se contenta de mettre de sa main, en marge de sa demande : *appuyé, faire porter au conseil d'administration.*

Ceci prouve évidemment qu'il n'y a pas de *mairie* dans l'Algerie. Il y a des officiers de l'état civil chargés d'enregistrer les naissances et les décès, et de faire les mariages, mais il n'y a point de conseil municipal ; le droit de commune, le premier et le plus simple, n'existe pour aucun habitant d'Alger.

Dernièrement, un journal qui a la prétention de défendre les intérêts de l'Algérie, disait que du temps des Romains, les duumvir, les triumvir des colonies d'Afrique étaient choisis dans les colonies mêmes et ne venaient pas de Rome, tandis qu'aujourd'hui en Algérie tous les fonctionnaires viennent de Paris ; mais nous ne sachions pas que dans les villes de France, les employés des administrations ou les juges soient pris dans les localités mêmes ; les seules fonctions dévolues de droit aux habitans des villes, sont celles de maires et de conseillers municipaux ; or, personne à Alger ne jouit du droit de cité, personne *n'est d'Alger*, pas même ceux qui y sont nés ; tous les Français d'Alger, sont encore de Paris, de Marseille,

été appelé à rien fonder, qui ne peut rien créer de stable, parce que son caractère exclusif est la mobilité et l'absence d'attache à une localité quelconque.

Dans son ouvrage sur l'Algérie, M. le maréchal Bugeaud disait que le gouvernement militaire n'empêchait pas la création des autorités civiles ni leur jeu. Nous lui demandons pardon de n'être pas de son avis. Sous le gouvernement militaire, la commune ne peut exister, car elle constitue un pouvoir et des droits indépendants de son autorité ; ce qu'il ne veut pas. Tandis qu'au contraire la création des autorités civiles et judiciaires indépendantes ne peut géner en rien l'action du pouvoir militaire. Elles ne l'empêchent en aucune façon d'agir dans sa spécialité la plus large possible.

Le gouvernement militaire est donc par sa nature, l'obstacle invincible au progrès, en ce qu'il étouffe à leur naissance toutes les garanties que réclament les citoyens, en ce qu'il ne peut comprendre que la création des pouvoirs civils parfaitement semblables à ceux de la France, loin de l'entraver viendrait en aide à l'action de l'armée, en déchargeant ses chefs du souci d'une besogne administrative pour laquelle ils ne peuvent avoir toute l'aptitude nécessaire, et pour laquelle le temps leur fait défaut.

---

de Lyon, Bordeaux, etc., etc. Le publiciste en question qui a donné aussi son système pour la colonisation d'Alger, réclamait tout simplement une chose impossible qui n'a pas de signification dans notre état social.

Quant à nous, nous demandons la réunion de l'Algérie à la France, parce que ce point obtenu, Alger, Bone, Oran, etc., auront leur droit de cité ; parce qu'alors la commune existera de fait, et partant les autorités municipales.

Peut-être les conservateurs ont-ils espéré que l'excès de population qui trouble leur sécurité en France, se rendrait en Algérie sur la foi de simples promesses, et qu'une fois expatriée, cette population remuante, maintenue par le sabre, ne serait plus à craindre. Erreur; le peuple sait que, où il n'y a pas de capitaux, il n'y a pas de travail possible, et il ne s'embarquera pas sans gages pour l'avenir; de cruels mécomptes ont déjà eu lieu à Alger, et l'on commence à comprendre en France, qu'Alger régi par l'arbitraire, n'est pas l'Eldorado.

Mais il y a cependant pour les conservateurs un moyen sûr de conjurer les tempêtes que le paupérisme, toujours croissant en France, amasse sur leur avenir doré ; c'est tout simplement de donner des garanties à l'Algérie, de l'adjoindre au territoire français, et d'y asseoir tout d'une pièce la législation et les institutions françaises ; on le peut immédiatement, attendu la faiblesse et l'impuissance de la population arabe; alors, les capitaux rassurés s'y transporteront; et le trop plein de la population en France, obéissant aux lois éternelles de l'équilibre, affluera vers cet espace actuellement vide. Alors la France sera agrandie de près de 12 mille lieues carrées, qui se peupleront promptement ; alors, dans peu d'années, ces 4 millions d'hommes qui menacent la tranquillité publique, seront installés sur une terre qui ne demande que leur travail pour les nourrir abondamment, et qui décuplera l'argent des capitalistes, qui n'auront plus aucun motif pour s'abstenir.

Alors, disons-nous, dans un temps peu éloigné, l'Algérie, au lieu de coûter chaque année de 80 à 100 millions et 80 mille soldats pour guerroyer contre des fantômes et pour mettre en pratique des théories plus ou moins hasardées sur la colonisation, se peuplera de 4 ou 5 millions de Français, qui, installés dans nos départements algériens, contribueront, comme nous l'avons dit, pour 160 ou 200 millions au budget national, et fourniront eux-mêmes l'armée nécessaire à la défense du pays, lequel, représenté aux Chambres, n'aura pas plus de motif de se séparer de l'unité nationale que la Provence, le Languedoc ou toute autre province.

Ce résultat certain mérite bien qu'on y réfléchisse : agir dans tout autre sens serait méconnaître le génie de la nation, et paralyser ses forces au lieu de les utiliser pour coloniser l'Algérie.

Mais, nous le craignons, il en sera de la colonisation comme de tous les progrès sociaux accomplis jusqu'à ce jour ; jamais le gouvernement n'a rien su préparer pour les favoriser; ils se sont accomplis malgré lui et à son insu. Espérons donc que la question d'Alger se résoudra dans le sens du progrès par la puissance des faits, et que la popularité qu'elle acquiert de jour en jour, tout en précipitant le résultat, préviendra les phases sanglantes qui pourraient l'accompagner.

CHAPITRE VI.

Maroc et Algérie.

Si on se rappelle l'exposé de la situation économique de l'Angleterre que, dans notre premier chapitre, nous avons emprunté à M. Louis Blanc, on comprendra que tous les événements qui se sont passés en Algérie, depuis 14 ans, ont eu nécessairement pour cause la rivalité d'intérêts qui divise la France et l'Angleterre.

« Entre la France et l'Angleterre, dit encore M. Louis Blanc (1), un conflit est inévitable, parce que la constitution économique des deux pays est aujourd'hui la même, et en fait deux nations essentiellement maritimes. Le principe qui domine notre ordre social n'est-il pas celui de la concurrence illimitée? La concurrence illimitée n'a-t-elle point pour corollaire une production qui s'accroît sans cesse et à l'aventure? Pour trouver à une production dont l'essor est si impétueux et si déréglé, des débouchés toujours nouveaux, ne faut-il pas conquérir industriellement le monde *et commander aux mers?* »

« Le jour où nous avons détruit les jurandes et les maîtrises, ce jour-là la question s'est trouvée tout

(1) Organisation du travail, page 61.

naturellement posée de la sorte : il y a une nation de trop dans le monde ; il faut ou que la France périsse, ou que l'Angleterre soit rayée de la carte. Ce jour-là, en effet, d'étranges complications s'ajoutèrent à cette longue rivalité qui, au quinzième siècle, amenait un duc de Bedford à Paris et faisait fuir Charles VII à Bourges. En 1789, la France adopta toutes les traditions de l'économie politique anglaise ; elle devint un peuple industriel à la manière du peuple anglais. Lancée sur la pente rapide de la concurrence, elle s'imposa la nécessité d'aller partout établir des comptoirs, d'avoir des agents dans tous les ports. Mais disputer l'Océan à l'Angleterre, c'était vouloir lui arracher la vie. Elle l'a bien compris. De là les coalitions soldées par elle ; de là le blocus continental ; de là ce duel affreux entre Pitt et Napoléon. Mais Pitt mort, Napoléon lentement assassiné, il faudra bien que la lutte recommence. . . . »

« Non, il ne peut y avoir place à la fois sur la mer, si vaste qu'elle soit, pour la France et pour l'Angleterre, régies par les mêmes lois économiques, et animées par conséquent du même esprit. Cherchant l'une et l'autre à se répandre au dehors, et ne pouvant vivre qu'à cette condition, comment ne se seraient-elles pas à chaque instant rencontrées et choquées ? Là est le nœud de la question. Aussi le motif pour lequel l'Angleterre a exclu la France du dernier traité, est-il un motif tout commercial. Sur ce point nul doute possible. Rien de plus clair que le langage du *Globe*, organe spécial de lord Palmerston. D'après ce journal, si lord Palmerston a voulu courir tous les risques d'une rupture avec la France; s'il a poussé le cabinet de Sainte-James à profiter contre Méhémet-Ali des révoltes qui ont éclaté en Syrie, c'est qu'il a vu combien il importait à l'Angleterre de faire subir à ce pays son protectorat mercantile. Le plan de lord Palmerston est bien simple; il regarde la Syrie comme la clef de l'Orient; il veut mettre cette clef dans les mains de l'Angleterre. *On ferait avec le divan un arrangement, aux termes duquel les pachas ou vice-rois de Syrie agiraient en tout d'après les vues des représentants du gouvernement britannique.* Le ministre anglais, comme on voit, ne fait pas mystère de ses desseins. Ouvrir aux navires anglais trois routes qui les conduisent dans l'Inde : la première par la mer Rouge, la seconde par la Syrie et l'Euphrate, la troisième par la Syrie, la Perse et le Belouchistan: tel est le résumé des espérances de l'Angleterre. On conçoit que pour les réaliser elle consente à livrer Constantinople aux Russes. Ces trois routes vers l'Inde une fois ouvertes, elles se *couvriraient de marchés*, dit ingénument *le Globe*. Ainsi l'Angleterre d'aujourd'hui, c'est toujours la vieille Angleterre! Aujourd'hui comme hier, comme toujours, il faut que cette race indomptable dans sa cupidité cherche et trouve des consommateurs. L'Angleterre a des articles de laine et de coton qui appellent des débouchés? Vite, que l'Orient soit conquis, afin que l'Angleterre soit chargée d'habiller l'Orient. *Humilier la France? Il s'agit pour l'Angleterre de bien autre chose, vraiment; il s'agit pour elle de vivre;* et elle ne le peut, ainsi le veut sa constitution économique, qu'à la condition d'asservir le monde par ses marchands. »

C'est pourquoi l'Angleterre a déclaré la guerre à la Chine, croyant pouvoir s'ouvrir facilement le cœur d'un empire de cent millions de consommateurs. Cinq ports ont été conquis, il est vrai, mais abandonnés aussitôt par le céleste empire et séparés de l'intérieur par une quarantaine sévère; ils s'encombrent de produits anglais, qui ne peuvent être transportés plus loin.

L'Asie centrale restée vierge des étreintes intéressées de l'Angleterre, ne devait pas plus que le reste du monde lui échapper; mais l'exploitation de ces contrées ne pouvant avoir lieu qu'au moyen des trois routes qui relient la Méditerranée aux Indes, le cabinet anglais a compris qu'il fallait, 1° s'emparer du littoral de la Syrie, considérée comme la clef commerciale de l'Orient, arracher cette province au Pacha d'Egypte et à l'influence française; 2° demeurer maître de la navigation de la Méditerranée.

Notre position en Algérie peut cependant faire évanouir toutes ces espérances, ou du moins leur porter une grave atteinte, attendu que la ligne de Gibraltar à Malte se prolonge devant nos ports algériens qui la menacent sans cesse : c'est donc une nécessité pour l'Angleterre d'y entraver notre domination pour nous en chasser tôt ou tard.

Tant que dans nos chambres, des voix ennemies de l'Algérie se firent hautement entendre, le ministère anglais embarrassé au dedans et au dehors, se contenta de protester contre notre conquête par l'attitude hostile de son consul général à Alger ; mais quand, par la prise de Constantine, il eut acquis la conviction que l'opinion publique en France dominait les complaisances de notre politique, il fallut songer à agir d'une manière plus efficace.

Alors, sous le prétexte de résoudre la question d'Orient, il forma en Europe une ligue de laquelle tout naturellement fut exclue la France, et dont la formule fut le traité du 15 juillet 1840.

Mais ce traité ayant pris le ministère au dépourvu, l'attitude passive que dut garder la France peu préparée à la guerre, sauva pour le moment l'Algérie.

Néanmoins, la première partie du plan de l'Angleterre est accomplie, la Syrie a été arrachée au vice-roi d'Egypte, Saint-Jean-d'Acre et Beyrouth sont devenus deux ports anglais.

Il ne reste plus à accomplir que la seconde partie du programme, savoir l'expulsion de la France de l'Algérie.

Il n'est pas difficile maintenant de deviner quelle fut la liaison entre la révolte de l'émir en novembre 1839, et les projets de l'Angleterre. Comme il y avait cent chances contre une, que la guerre naîtrait en juillet 1840, il était important que la France fût engagée dans les embarras d'une lutte contre les Arabes, et par conséquent affaiblie de tout le corps d'armée qu'elle enverrait en Algérie.

Mais l'événement ayant trompé les prévisions du cabinet anglais et la coalition du 15 juillet s'étant annulée par les scrupules que soulevèrent par la suite la Prusse tout à fait désintéressée dans la question, et l'Autriche qui craignait pour l'Italie, le *statu quo* se prolongea et l'Angleterre dut encore ajourner l'exécution de ses projets.

Alors elle vit habilement que si elle pouvait prolonger la guerre arabe dans laquelle nous dissipions follement d'immenses ressources en hommes et en argent, non-seulement elle nous affaiblirait d'autant, mais ce qui lui importait le plus, elle nous détournerait du but qu'elle redoute par-dessus tout, savoir la mise en état de défense de nos ports algériens, et l'installation en Algérie d'une population agricole française assez nombreuse pour se soutenir en cas de guerre par ses propres ressources et pourvoir aux besoins de l'armée.

Aussi le cabinet Anglais pour prolonger une lutte si avantageuse à ses projets futurs, a-t-il soutenu Abd-el-Kader par des subsides en argent, en armes et en munitions, par des agents non accrédités, il est vrai, mais dont le rôle était d'informer avec exactitude le gouverneur de Gibraltar de tous ses besoins. L'Angleterre épie avec attention les phases de cette lutte, et peut-être le moment est-il venu pour elle de profiter de nos fautes et de notre affaiblissement.

Cependant notre ministère ne s'est point aperçu du piége ; toujours à la merci des moindres événements, et subissant toujours l'influence du gouvernement militaire en Afrique ; comme lui, il n'a eu qu'un but, celui de vaincre les Arabes et un marabout, très habile sans doute, mais dont nous avons apprécié les ressources, et dont l'extrême mobilité avait toujours fait la principale force ; il n'a point compris que la défensive était la seule attitude rationnelle à prendre devant un aussi faible ennemi : il n'a jamais pensé qu'en continuant la guerre arabe sur une immense échelle, il épuisait la France en hommes et en argent, qu'il ajournait la colonisation, et notre installation sur un pied respectable à Mers-el-Kébir, Alger, Bougie, Gigelli et Bône, et que sous ce rapport il donnait pleine et entière satisfaction à l'Angleterre.

Tant que l'Irlande fut menaçante, aucune tentative nouvelle n'eut lieu de 1840 à 1844 ; mais au commencement de cette année, lorsque la redoutable opposition d'Oconnell se fut réduite aux proportions d'un simple procès, une difficulté de frontière s'éleva entre Tunis et l'Algérie ; le Kiaïa-du-Kef vint poser son camp à deux lieues de La Calle, manifestant des prétentions qui annonçaient un autre souffle inspirateur que la volonté du Bey. Cependant, ce souverain, mieux conseillé, se souvenant du sort de Hussein-Dey, ordonna au Kiaïa de se retirer sans insister. Ce n'était du reste qu'une fausse attaque destinée à masquer la véritable qui devait peu après se faire par le Maroc.

Aujourd'hui les hostilités commencées nous auraient certainement donné le droit de pousser la guerre jusqu'à entière satisfaction, si toutefois nous avions voulu commettre la faute de traiter le Maroc comme une puissance européenne, et si nous persistions dans l'erreur qui nous fait considérer son agression comme un fait isolé. Mais si l'on rapporte à la cause que nous avons assignée, tous les événements survenus en Algérie depuis 1839, on découvrira bientôt le nœud de l'affaire et la ligne de conduite que doit suivre la France.

Au commencement de 1842, Abd-el-Kader disparut tout à coup de la scène, laissant à ses kalifats le soin de continuer les hostilités. Bientôt on sut qu'il était passé avec 4 ou 500 cavaliers dans le Maroc, et qu'il s'était rapproché de Tanger. Puis après quelques mois d'absence, il entra de nouveau en Algérie avec des subsides considérables qu'il avait recueillis, disait-on, comme une offrande religieuse des populations marocaines pour soutenir la guerre sainte. Mais pour qui connaît les Arabes, cette récolte est une fable absurde, et il est impossible de ne pas reconnaître la source où il puisa les moyens de continuer la lutte. Il est même certain que le sultan Moulay Abd-er-Rahman reçut de Gilbraltar de secrètes instructions de ne point troubler *la pieuse* promenade de l'émir dans ses Etats ; on lui fit comprendre que s'il ne favorisait pas la rentrée sur le territoire algérien d'Abd-el-Kader, qui était aux yeux des populations le véritable représentant de la Foi, son trône pourrait bien lui échapper. Aujourd'hui le danger est plus imminent que jamais pour Mouley Abd-er-Rahman; Abd-el-Kader est chez lui ; il a disposé des troupes de l'empereur, elles ont combattu avec lui, et il en a été le véritable chef.

Dans le Maroc comme dans tous les États musulmans, il n'y a aucune cohésion entre les tribus, la souveraineté n'a aucune autre manifestation que l'exaction, l'action gouvernementale ne consiste ni à donner des lois ni à administrer ni à centraliser, mais à vendre au plus offrant et dernier enchérisseur le droit de pressurer les populations. On conçoit que dans un tel pays un changement de dynastie n'est qu'une simple émeute de palais, qui n'a aucune portée chez le peuple, lequel n'en sera ni plus gouverné ni moins pressuré. En Algérie, les Deys se renfermaient dans leur casbah ; pour eux, vivre était régner ; on en massacrait quelquefois sept dans un jour sans que cela causât la moindre émotion à une demi-lieue de la ville. Rien n'est donc plus aisé que d'investir Abd-el-Kader de l'autorité impériale dans le Maroc, et cela se fera, l'Angleterre aidant. Peut-être, avant peu, nous apprendrons que Mouley Abd-er-Rahman a été empoisonné, et qu'Abd-el-Kader est sultan du Maroc. Sans doute la condition de son élévation sera la cession de Tanger à l'Angleterre, alors cette puissance aura sur la terre d'Afrique, vis-à-vis Gibraltar, une station qu'elle désire ardemment. Alors, au lieu d'avoir l'émir pour adversaire en Afrique, nous y aurons l'Angleterre.

Ne comprend-on pas que l'empereur du Maroc a toujours subi des nécessités? Ce n'est certes pas lui qui nous a fait attaquer; et si son fils, un instant séduit par l'émir et par d'autres influences, a pu se laisser fourvoyer au point de commencer les hostilités contre nos troupes, ils ont aisément compris que leur intérêt les obligeait à les cesser et à se rapprocher de nous plutôt que de leur dangereux ami Abd-el-Kader. Au lieu donc de lancer des ultimatum, il valait mieux chercher à éclairer l'empereur, fourvoyé par la politique anglaise.

Si nous avions marché sur le Maroc avec la croyance tout européenne qu'une fois Fez, Mequinez et même Maroc tombés entre nos mains, la difficulté eût été résolue, nous aurions été dans l'erreur : qu'on se rappelle si, en 1830, la prise d'Alger nous donna la soumission du pays? Par la guerre, nous aurions précipité Mouley Abd-er-Rahman du trône; car aux yeux des Musulmans, un homme vaincu est un homme mort. L'empereur abattu, l'émir se serait déclaré encore plus aisément maître du trône vacant, et nous aurait laissé le soin de le traquer dans le Maroc, comme il l'a fait en Algérie; dès lors l'affaire du Maroc nous aurait accablé de tout le poids de l'anarchie que nous aurions fait naître dans ce pays; il s'en serait suivi une guerre acharnée qui aurait nécessité en Afrique la présence d'une nouvelle armée de 50 ou

60 mille hommes; car les 80,000 hommes qui sont en Algérie sont nécessaires pour contenir les populations algériennes exaspérées par le souvenir de nos razzias et par leur misère. Alors l'Angleterre serait certainement intervenue, parce que l'occupation du Maroc, devenue pour nous une nécessité, aurait été un manque de foi à la promesse gratuite et trop empressée de notre ministère de ne faire aucune conquête dans l'ouest de l'Algérie.

Au lieu donc, au lieu de demander, avec une instance puérile, à l'empereur une satisfaction qu'il est dans l'impossiblité de nous donner, au lieu de lui imposer la ridicule condition de faire interner Abd-el--Kader ou de le livrer, hâtons-nous non-seulement de donner notre protection à Mouley Abd-er-Rhaman, mais de la lui imposer; si nous le maintenons sur son trône chancelant et l'obligeons à donner satisfaction à l'Espagne et aux États du nord, qui nous en sauront gré, la question changera de face.

L'Angleterre ne convoite pas la conquête du Maroc, elle connaît sa médiocre importance commerciale; mais en attendant l'opportunité de prendre Ceuta, qui est à l'Espagne, elle veut Tanger, qui, avec Gibraltar, interceptera au besoin le passage du détroit; cependant elle ne peut obtenir cette place qu'en mettant Abd-el-Kader sur le trône de Maroc.

Abd-el-Kader est l'instrument de l'Angleterre, il faut donc que Mouley Abd-er-Rhaman ou son fils devienne celui de la France.

En protégeant Mouley Abd-er-Rhaman, en l'aidant à chasser l'émir de ses États, nous prévenons tout envahissement du cabinet anglais; nous avons le droit de notre côté, car nous soutenons un pouvoir légitime contre un usurpateur; nous rendons l'émir impossible dans le Maroc.

Le résultat de la bataille de l'Isly vient encore de démontrer que ni les Arabes, ni le Maroc, ni Abd-el-Kader ne sont nos adversaires sérieux en Afrique, mais bien les Anglais toujours et partout, car ce sont eux qui ont poussé l'empereur à armer contre nous. Ils comprennent mieux que notre gouvernement quelle augmentation de puissance acquerra la France en *réunissant le territoire algérien à celui de la métropole* et en le peuplant de citoyens français. Tant que cette idée n'a été qu'à l'état de projet, l'Angleterre a compté sur la lassitude de l'opinion en France et sur les efforts qu'on a faits pour l'égarer; mais depuis quatre ans, que la pensée d'augmenter le sol de la France de tout le sol de l'Algérie s'est fait jour, depuis que l'opinion publique y pousse invinciblement le gouvernement, l'activité des intrigues du cabinet anglais a redoublé. Aujourd'hui, l'Europe est conviée à une nouvelle coalition contre la France qu'il faut accabler, pour laisser l'Angleterre dominer sur toutes les mers.

Quelle signification autre que celle d'un complot contre la France faut-il donner au voyage du czar à Londres? à l'arrivée récente d'un ambassadeur extraordinaire de ce souverain, auprès du cabinet anglais? à l'espèce d'abdication du vice-roi d'Égypte plutôt en faveur de l'Angleterre qu'en faveur de son fils? à la concession d'un chemin de fer au travers de l'isthme de Suez pour le passage des troupes anglaises au travers de l'Egypte?

Pendant que tout le monde conspire contre la France, nous ne devons pas rester indécis. Les partages sont faits d'avance: à la Russie, Constantinople; à l'Angleterre, la Syrie, l'Egypte et l'Algérie.

La France a déjà 80,000 hommes paralysés en Algérie; mais ce n'est pas encore assez. L'Angleterre veut nous en paralyser encore 50 ou 60 mille dans une guerre avec le Maroc; elle veut que nous ayons 150 mille hommes prisonniers en Afrique, dans un pays qui ne peut fournir à leur subsistance sans le secours de l'Europe. Puis, quand nous aurons commis cette impardonnable faute, le signal de la guerre sera donné.

Or, voici les moyens qu'employait l'Angleterre pour se jouer de notre cabinet.

En même temps que sans aucun droit elle nous interdisait toute conquête dans le Maroc et qu'elle feignait une médiation (imposée du reste) par le moyen de son consul général à Tanger, d'autres agents non accrédités agissaient d'une manière très active pour engager l'empereur non-seulement à nous refuser toute satisfaction, mais à nous attaquer, lui promettant au besoin la protection de sa flotte et de ses armes.

D'après ce refus, préparé par son ordre, et après une résistance simulée, le cabinet anglais devait feindre de reconnaître que la France avait à venger son honneur insulté par le Marocain ; puis, profitant de notre ardeur irréfléchie, il devait nous *autoriser* à faire cette guerre; mais il aurait fait occuper Tanger, comme garantie de la promesse faite par notre gouvernement de ne faire aucune conquête dans le Maroc.

L'Angleterre voulait, qu'après l'empereur de Maroc, nous eussions Abd-el-Kader à combattre ; puis ensuite, comme en Algérie, toute la population. Elle espèrait que cette guerre, dévorant les ressources et les hommes de la France, aurait duré assez de temps pour que l'Angleterre fît de Tanger le pendant de Gibraltar, et pour que la Russie arrivât à Constantinople.

Mais la bataille d'Isly et le renversement de Mogador ont ouvert les yeux de l'empereur et de son fils ; ils ont reconnu la dangereuse voie dans laquelle on les poussait, et nous pensons qu'ils doivent apprécier actuellement ce qu'est la France et ce qu'est l'Angleterre. Hâtons-nous donc de leur faire comprendre qu'une alliance intime avec la France peut seule les sauver.

On a assuré que Mouley Abd-er-Rhaman a fait pousuivre Abd-el-Kader. En admettant que l'émir soit livré à la France, nous ne serons délivrés que d'un ennemi peu dangereux, en ce qu'il n'a pu, quelque effort qu'il ait fait, mettre nos établissements en danger ; restera toujours, comme l'ennemi réel, l'Angleterre, pour laquelle notre Algérie est une barrière dans la Méditerranée, barrière qu'elle cherchera à détruire par tous les moyens.

Aujourd'hui, l'honneur de la France est en jeu, mais non vis à vis le Maroc ou Abd-el-Kader, l'ennemi n'est pas de ce côté (1); gardons-nous donc, quoi qu'il arrive, d'envahir le Maroc par terre et d'y engager notre armée, car ce serait donner tête baissée dans le piége qui nous est tendu par l'Angleterre. Restons sur la défensive; nous avons assez de troupes pour cela, et traitons activement avec l'empereur pour le ramener à la connaissance de ses véritables intérêts.

Si dans le traité fait avec l'empereur, le ministère n'a point exigé des compensations pécuniaires qui auraient pu en entraver la conclusion, il a agi avec un grand sens, mais on doit insister pour que ce souverain nous fasse une *fourniture* de 10 mille chevaux de guerre dont nous avons le plus urgent besoin; car nous manquons absolument de cavalerie en Afrique.

Nous le répétons donc, la seule politique rationnelle à suivre est d'imposer notre protection à l'em-

---

(1) A l'occasion de l'affaire du Maroc, nous avons vu *les mêmes yeux taillés à facettes* reproduire les exagérations de populations et de forces militaires auxquelles l'Algérie a déjà donné lieu. On évalue complaisamment la population du Maroc à 8 millions. Nous avons démontré que le Tell du Maroc était moins large que le Tell algérien; or, les populations marocaines étant dans des conditions physiques et sociales absolument semblables à celles des populations algériennes, elles ne peuvent excéder le chiffre 80 à 100 habitants par lieue carrée, ou 800 mille à un million pour le Tell et le Sahara marocains. C'est ce qui explique comment Abd-el-Kader s'y est maintenu en maître avec 5 ou 600 cavaliers, et comment il ne peut y être à craindre pour nous.

pereur contre l'émir ; alors, l'affaire si menaçante du Maroc se réduit à de très minimes dimensions et n'imposera que de très légers sacrifices à la France; car il suffira, pour garantir nos frontières de tout événement, de deux fortes colonnes mobiles de cavalerie : l'une à Sebdou, l'autre à Lella Maghnia.

La conclusion de la paix avec le Maroc est un échec pour l'Angleterre, qui ne se tiendra cependant pas pour battue ; elle saura soulever des embarras qui amèneront la guerre, car il lui faut la mer pour vivre : n'est-il pas certain alors, qu'une escadre comme les Anglais savent en armer quand il s'agit de frapper un coup décisif, venant à se présenter devant les côtes de l'Algérie, toutes nos troupes disséminées jusqu'au Sahara, ainsi que la presque totalité des garnisons des villes de Tlemcen, Mascara, Milianah, Medeah, Setif et Constantine devront se replier sur le littoral, pour défendre les villes de la côte.

Qui doute qu'alors l'émir ou ses kalifats reparaissant au milieu des Arabes ne renouvellent le *blocus alimentaire* qu'ils mirent devant notre armée, de la fin de 1839 à la fin de 1841, lequel fut suivi si rigoureusement que ni bœufs, ni moutons, ni volailles, pas un œuf même, ne nous venaient de l'intérieur, et que l'on dut pourvoir à grands frais à la subsistance de l'armée et des colons au moyen des arrivages par mer.

Or, la consommation annuelle de notre armée d'Afrique n'est pas moindre de 105,787 quintaux métriques de viande et de 180,950 quintaux métriques de blé, sans compter celle de la population civile et indigène des villes et celle des forces qu'on dirige de nouveau dans la province d'Oran. Comment cet approvisionnement et ceux de tous genres que nécessite la guerre pourraient-ils se faire au travers d'escadres ennemies s'attachant à détruire nos bâtiments convoyeurs?

Vivrait-on du produit des *razzias*? Non, certes! Nous sommes presque sans cavalerie, et nos 20 escacadrons de spahis cessant d'être nourris et soldés régulièrement, passeraient à coup sûr à l'ennemi avec armes et bagages. Peut-être, les 4 mille hommes de la légion étrangère, qui n'ont pas au cœur le patriotisme des Français, et que leurs officiers seront impuissants à retenir, tourneront-ils leurs armes contre la France, pour laquelle ils n'ont pas pris l'engagement de mourir de faim; peut-être encore les 30 ou 35 mille âmes de la population civile étrangère prendront-ils fait et cause contre nous, parce qu'ils feront aussi bien leurs affaires sous la domination anglaise que sous la nôtre, et qu'ils ont leur ruine à craindre en soutenant les intérêts de la France.

Rien cependant n'est préparé en Algérie pour la défense des côtes; c'est à peine si quelques batteries pourraient résister quelques heures à quelques vaisseaux embossés. Alger, Bone et Oran ne sont entourés que d'une simple chemise incapable de résister au canon. C'est en vain que le génie a désiré des bras de l'armée pour les travaux des fortifications. Sans cesse, les exigeances de la guerre arabe ont suspendu l'accomplissement de son œuvre, et souvent même les troupes du génie ont dû marcher en qualité d'infanterie.

Qu'avons nous fondé? Où sont les champs qui produiraient assez de grains pour la subsistance de l'armée! Où sont les dépôts capables de recevoir et de conserver un approvisionnement suffisant? Où sont les pâturages où se reproduiraient avec sécurité les 3 à 400 mille bestiaux qui pourraient assurer nos vivres? Où sont même les bateaux à vapeur qui pourraient suppléer à l'absence de toutes ces ressources?

Combien donc doivent être amers les regrets de M. le maréchal Bugeaud de n'avoir point compris que la meilleure manière d'atteindre et de tenir les Arabes soumis et de pouvoir disposer de leurs ressources en bestiaux, était d'avoir une très nombreuse cavalerie. Combien, doit-il, disons-nous, regretter de n'avoir créé aucune ressource pour la reproduction des chevaux, surtout dans cette province de Bone, si calme et si riche.

Que deviendrait notre armée après quelques mois de blocus alimentaire par terre et par mer? Décimée par la misère et les maladies elle serait obligée de capituler, et de se rendre à merci sans avoir pu combattre. Alors l'Algérie serait à jamais perdue pour la France, et, en moins d'un siècle, nous aurions eu trois fois la honte de voir s'échapper de nos mains une terre toute française pour devenir la proie de l'Angleterre.

On sait que le cabinet anglais s'est assuré la coopération des Arabes ; il s'est hâté de leur faire comprendre qu'il ne veut ni les soumettre aux lois européennes ni coloniser ; que son occupation se bornerait aux villes du littoral, leur laissant la libre disposition de tous le pays, et la perspective de s'enrichir en approvisionnant toutes ces villes.

Qu'on ne nous accuse pas d'avoir exagéré le danger ; nous ne saurions admettre les prétendues impossibilités où se trouve l'Angleterre de nous attaquer. Rappelons-nous les immenses sacrifices qu'elle a faits contre nous depuis 93 jusqu'en 1815 : elle saura les renouveler à propos. D'ailleurs, en bonne guerre, il faut être prêt à tout évènement et ne jamais fonder aucune espérance sur ce que l'ennemi ne fera pas.

Le gouvernement doit aujourd'hui comprendre la suite de la faute grave qui l'a engagé à effectuer la conquête générale de l'Algérie, sur laquelle notre droit subsistait, et qui l'oblige à maintenir comme condition essentielle de la soumission stérile des Arabes une armée de 80 mille hommes engagée jusqu'aux frontières du Sahara algérien, et par conséquent neutralisée pour toute opération ultérieure. Il doit amèrement regretter aujourd'hui, l'absence en Algérie d'une population française compacte, dont la présence aurait permis la libre disposition des troupes des provinces d'Alger de Titery et de Constantine, sans imposer de nouvelles charges à l'Etat. Il doit commencer à s'apercevoir que le régime militaire loin d'avoir créé quelque chose en Algérie a constamment été l'obstacle à l'arrivée des capitalistes et par conséquent des populations qui seules constituent la force réelle d'un pays. Si nous éprouvions un échec dans une lutte probable avec l'Angleterre, le gouvernement militaire tombé ne laisserait rien après lui.

Peut-être M. le maréchal Bugeaud donnerait-il son sang maintenant pour avoir un grand nombre de ces colons qui selon lui ne sont que *tolérés* en Algérie. Peut-être ferait-il de grands sacrifices pour n'avoir à repousser que les attaques impuissantes de l'émir sur la ligne intermédiaire de Tlemcen à Constantine, au lieu de le voir dans le Maroc soutenu par l'Angleterre. Le jour est donc proche où nos généraux d'Afrique apprendront que leur mission ne consistait pas seulement à combattre des hordes sans discipline. Peut-être le moment n'est-il pas éloigné où il faudra confier à des mains plus sérieusement organisatrices la gestion de nos intérêts en Afrique.

Il est encore temps, disons-nous, de conjurer le danger qui nous menace. L'Angleterre s'est trop hâtée de lever le masque ; nous pouvons encore neutraliser ses efforts en intervenant en Irlande et au Canada, en contractant alliance avec les Etats-Unis, en préparant même une descente sur le sol anglais. Profitons donc des instants ; ils sont comptés, et comprenons enfin que la conservation de l'Agérie et de la puissance de la France exige que nous

nous *mettions sans délai en bon état de défense, Mers-el-Kebir, Arzeu, Alger, Bougie, Gigelly et Bône, en les approvisionnant au moins pour un an; puis que nous adoptions sans délai des moyens efficaces pour implanter en Algérie une population agricole compacte.*

C'est 500 mille citoyens français qu'il nous faut en Algérie pour être à l'abri de tous les événements ultérieurs; c'est donc à cette œuvre que nous devons travailler sans délai par les moyens les plus énergiques. Or, nous croyons avoir démontré sans réplique que le gouvernement ne fondera rien en Algérie, s'il n'y appelle des capitalistes en leur donnant toutes les garanties des lois qui régissent la France; qu'il ne fondera rien avec ses villages de prolétaires sans ressources, et trop souvent sans aptitude aux travaux agricoles.

Mais tout en préparant matériellement la défense de l'Algérie, nous resterions sans force, si la puissance morale du gouvernement ne vient en aide aux efforts de l'armée et de la population. Il ne suffit pas que partout dans les Chambres on dise que l'Algérie est à jamais française, il ne suffit pas même que cette déclaration soit dans un discours de la couronne. Tant que ces paroles ne s'enregistreront pas dans nos lois, elles resteront sans valeur pour les nations. Quand Louis XIV joignit à la France la Franche-Comté, l'Alsace et la Flandre, ce fut par des actes législatifs authentiques; lorsque Napoléon augmenta l'empire de la Belgique, de la Hollande et d'une partie de l'Italie, un sénatus-consulte et un décret impérial sanctionnèrent chacune de ces conquêtes.

Comment donc nos législateurs, la presse et l'opinion ont-ils pu se fourvoyer en poursuivant MM. Thiers et Guizot de leurs demandes incessantes, afin que l'exéquatur fût demandé par l'Angleterre pour son consul à Alger; comment n'ont-ils pas vu que leurs exigences étaient sans portées, attendu qu'on aurait pu leur répondre : *avant d'exiger l'exéquatur pour le consul anglais à Alger, dites-nous ce qu'est l'Algérie, que vous ne savez encore comment qualifier?*

En se retranchant dans une argumentation sans valeur, on s'est bien gardé de soulever cette question capitale, car elle aurait provoqué la demande de la reconnaissance de l'Algérie.

Aujourd'hui, l'Algérie est une terre où stationne une armée française qui porte encore le nom de corps d'occupation. L'Angleterre a donc raison de s'obstiner à laisser à Alger un consul accrédité auprès du dey ou de la Porte ; elle fera bien d'y persister tant que nous n'aurons pas le courage de formuler un acte législatif pour la réunion de l'Algérie au territoire français comme cela a eu lieu pour la Corse.

Tout l'avenir de l'Algérie est dans sa reconnaissance solennelle par la France ; quand cela sera fait, l'exéquatur deviendra une nécessité pour l'Angleterre.

Nous n'avons point invoqué dans notre argumentation, les haines de peuple à peuple, mais les nécessités de leur existence ; nous avons fait voir que l'empire des mers, leur libre pratique et particulièrement celle de la Méditerranée sont des questions de vie et de mort pour l'Angleterre, et qu'il est pour elle d'un impérieux devoir de renverser tous les obstacles qui peuvent l'entraver dans son avenir commercial, et particulièrement celui qu'elle rencontre dans la domination de la France en Algérie.

Mais nous croyons avoir démontré que, réunie à la mère-patrie, l'Algérie en augmentera en peu de temps la richesse et la force, car alors la France sera augmentée de 12 mille lieues carrées de territoire couvert d'une population française.

Qui donc, en France, oserait assumer sur lui le sacrifice de cet avenir de grandeur aux exigeances d'une politique étrangère ?

CHAPITRE VII.

Organisation de l'Algérie.

Si le contenu des chapitres précédents est bien présent à l'esprit des lecteurs, les points saillants de notre argumentation doivent être pour eux.

1° Que le peuple français est éminemment pourvu du génie de la colonisation, mais à la condition que chaque colon retrouvera, dans sa nouvelle patrie, ses droits de citoyen et les institutions de la métropole;

2° Que le gouvernement militaire des Romains n'a rien fondé de stable en Afrique, même après sept siècles de durée; qu'après sa chute il n'a laissé aucune trace vivante de son passage.

3° Que les ressources militaires et financières des Arabes sont à peu près nulles, attendu la faiblesse du chiffre de la population; que ces populations n'ont jamais pu mettre un seul instant en danger le plus chétif de nos établissements, conséquemment que leur soumission n'a jamais été une condition essentielle de sécurité pour nos établissements africains. Que le moyen le plus efficace de les dominer est une nombreuse cavalerie.

4° Que le danger qui menacera un jour notre domination en Afrique, ne viendra jamais du sud, ni des Arabes, mais du nord, *de la mer:* que le moyen le plus sûr de le conjurer est, avant tout, de donner à nos établissements de la côte, toute la force nécessaire pour résister à une attaque par mer, et à un débarquement, puis de porter le chiffre de la population française assez haut pour que la population civile et l'armée puisent vivre des ressources du pays, sans avoir besoin, en cas de guerre maritime, des vivres de l'Europe et de celles des Arabes.

5° Que l'Algérie ne peut être *colonie*, mais qu'elle doit faire partie intégrante du territoire français, attendu que Bône, Alger et Oran ne seront qu'à 68 heures de Paris, lorsque le chemin de fer de Paris à Marseille sera fait (c'est-à-dire plus près que ne le sont aujourd'hui Marseille, Perpignan, Bayonne, etc.); que les Arabes sont un élément de colonisation à peu près nul, parce qu'ils n'encouvrent le sol qu'à raison de 78 par lieue carrée, et que c'est 420 Français que nous avons à appeler en Algérie par lieue carrée;

6° Que le commerce futur de notre établissement africain doit porter principalement sur les 424,632,769 fr. de produits que la France tire annuellement de l'étranger, et qui sont naturels à l'Algérie; conséquemment que tous nos efforts doivent tendre à mettre l'Algérie en état de les fournir au moyen d'une population agricole considérable.

7° Que, sans la garantie de nos lois, l'établissement d'un peuple en Algérie est impossible; car sans garantie pas de capitaux, et sans capitaux pas de travailleurs. Que le gouvernement militaire s'est fourvoyé en voulant n'établir que des prolétaires en Algérie ; que le progrès par ce mode est non-seulement inappréciable mais ruineux ;

8° Que le gouvernement militaire a toujours été l'obstacle à l'établissement d'un pouvoir civil sérieux ; qu'il est antipathique à l'établissement de la commune et des autorités municipales, qu'il est incapable d'aucune fondation stable (1), attendu que son principal caractère est la mobilité et l'absence d'attache aux localités ;

9° Enfin, que le gouvernement militaire a non-seulement été l'empêchement de toute colonisation, mais qu'il a manqué de sagacité en laissant à découvert tous nos établissements de la côte, seuls et véritables boulevarts de notre puissance en Afrique, pour s'acharner contre un ennemi depuis longtemps reconnu impuissant ; qu'en rejetant Abd-el-Kader dans le Maroc, il n'a pas su prévoir qu'il amènerait nécessairement la France à se trouver face à face avec l'Angleterre.

Il demeure dès lors constaté que nos places de la côte ne sont point en état de défense, et que les ressources de l'Algérie sont insuffisantes pour assurer sans les envois des vivres d'Europe, la subsi-

(1) Voici un échantillon du savoir-faire du régime militaire en fait d'organisation municipale. En 1835, la banlieue d'Alger fut divisée en communes rurales ; on y nomma un maire et deux adjoints, dont l'un indigène. Ce trio devait délibérer sur toutes les questions qui, en France, sont dans les attributions des conseils municipaux. On continue à former de pareilles communes.

stance de l'armée et de la population civile. Enfin, que si notre armée d'Afrique vaincue par les privations vient à succomber, il ne restera aucune trace des institutions militaires par lesquelles on prétend gouverner l'Algérie.

Qu'on ne nous accuse point ici d'être l'adversaire de l'armée. On comprendra qu'ici nous ne protestons que contre l'insuffisance du gouvernement militaire pour fonder. Nous ne protestons que contre la résistance qu'il a toujours apportée à la concession des institutions civiles indépendantes, seules aptes à développer le progrès et à garantir les droits de chacun.

En Algérie comme en France le gouvernement ne peut ni ne doit émaner du ministère de la guerre ni d'aucun ministère spécial. Que le ministère de la guerre apporte dans la gestion de nos affaires d'Afrique sa part d'action, rien de plus légitime, mais qu'il reste strictement renfermé dans ses attributions, et qu'il cesse enfin d'étouffer à leur naissance les institutions sans lesquelles un peuple ne saurait exister; voilà la justice. Ce n'est point une opposition aveugle que nous faisons, nous demandons que l'Algérie soit protégée par toutes les forces gouvernementales, au lieu d'être opprimée par le ministère de la guerre ou par tout autre.

C'est avec joie que nous avons vu le ministère de l'instruction publique revendiquer sa part d'action en Algérie; toutefois, nous n'avons pas compris en quoi il devait s'entendre avec le ministre de la guerre pour l'exercer.

Que chaque ministère se réveille donc enfin, et le problème, si compliqué en apparence, se résoudra aisément.

Aujourd'hui, la seule initiative efficace de l'armée en Algérie doit être celle des travaux des routes et des fortifications des places de la côte. Elle appartient à l'armé du génie, dont l'action a été si souvent paralysée par les exigences sans nombre d'une guerre dans un pays sans ressources. Ce qu'il y a de plus pressant à faire, c'est la mise en bon état de défense de Mers-el-kebir, d'Arseu, d'Alger, de Bougie, de Gigelly et de Bône. Tous les projets sont faits; il ne manque plus au génie que de l'argent et des bras.

Pendant que cette tâche immense s'accomplira, il faut que le gouvernement apporte, sans retard, ses soins à organiser le pays sur des bases fixes.

Organisation de l'Algerie.

« Quiconque, dit Machiavel, s'empare d'un État « n'a qu'un moyen pour s'y maintenir; ce moyen « consiste à établir toutes choses nouvelles.... Il « faut bâtir de nouvelles villes, abattre les ancien- « nes, transplanter les habitants d'un lieu dans un « autre; enfin ne rien laisser dans cet État, qui ne « subisse quelque changement, afin qu'il n'y ait ni « rang, ni grades, ni honneurs, ni richesses qui ne « soient tenus du conquérant. »

Avons-nous suivi en Afrique une ligne de conduite qui sessemble en rien aux prescriptions si sages de Machiavel. Ne roulons-nous pas depuis 14 ans dans le cercle vicieux des idées d'organisation des Arabes par les Arabes, sans avoir passé un seul instant à l'organisation des Arabes par les Français.

Pendant 10 ans, nous avons laissé le pays dans une anarchie complète, ce qui, aux yeux des Arabes, devait être un signe certain d'abandon. Puis, passant subitement en 1840, d'une extrémité à l'autre, nous avons cru que pour les soumettre, il fallait parcourir le pays, le fer et la torche à la main; et enfin, loin de faire, comme le dit Machiavel, toute chose nouvelle, nous avons, comme de maladroits et serviles imitateurs, imaginé d'opposer nos aghas aux khalifats d'Ab-el-Kader, avec cette différence cependant que nous sommes constamment restés au-dessous de l'organisation fondée par l'émir. Il avait choisi des hommes influents, riches et guerriers; nous avons pris les premiers intrigants venus. Nous avons compromis pour eux l'institution royale; car bon nombre d'entre eux ont déjà été destitués, comme incapables de remplir leurs fonctions, ou pour des méfaits qualifiés.

Comme Arabe, Ab-el-Kader avait choisi avec connaissance de cause; comme Français, nous nous sommes laissés duper. On a cédé au désir de présenter des résultats. Tout s'est fait sur le papier, mais, en réalité, l'organisation n'existe pas. Nous payons nos aghas à 25 mille francs par an, et nous avons oublié qu'en 1832, notre agha Sidi Embarek, qui avait 72 mille francs, a fait défection.

Nos aghas n'existent qu'à l'aide de nos colonnes mobiles; hors de la présence de nos troupes, ils sont sans crédit et sans force.

Dernièrement encore, chez les Kabaïles, entre Delys et Bougie, nous avons jeté à la hâte une gandoura sur les épaules d'un jeune homme presque oublié, le fils de Benzamoun, sans avoir le moins du monde entamé la puissance de Ben-Salem que nous allions combattre.

Dans la province d'Oran, nous avons revêtu un officier français du titre d'agha, oubliant que ce n'est pas à nous à nous faire Arabes, mais que c'est aux Arabes à reconnaître nos chefs Français avec leurs titres et leurs costumes français.

Quelle est en effet la garantie que peuvent nous offrir les aghas que nous nommons? Ont-ils une initiation quelconque à nos mœurs, à l'œuvre que nous avons entreprise? Suffit-il de l'institution royale pour leur donner l'aptitude et le dévouement qui leur manquent? Nous avons cru nommer des agents pour le compte de la France, et nous n'avons fait autre chose que de nommer des agents arabes encore tout imbus des vices de l'autorité indigène; la concussion est restée dans leurs habitudes, car elle est le signe de l'autorité chez ces peuples. Sans doute ils ont le désir de conserver l'autorité que nous leur avons conférée, mais à la condition de rester Arabes et en maintenant leurs administrés aussi Arabes que possible.

S'il fallait en donner un exemple nous citerions celui du bey Jussuf à Dréan, en 1836. Bien que chef d'escadron de spahis, il avait cru devoir abandonner tout insigne d'autorité française pour revêtir tous ceux de la dignité arabe. Cependant nul indigène plus que lui avait progressé vers les idées françaises.

Machiavel conseille d'abattre les anciennes villes.

Les villes arabes, très rares, une fois en notre possession, subissent des changements qui équivalent à la démolition.

Il veut qu'on transplante les habitants d'un lieu à un autre.

Il sera indispensable d'appliquer cette mesure à quelques tribus turbulentes. La fuite des Hadjoutes a rendu la tranquillité à la Mitidja; quant aux autres tribus plus paisibles, il faudra les resserrer peu à peu dans des limites plus étroites, en les rendant, au moyen de titres authentiques, propriétaires individuels des terres, dont nous leur laisserions la jouissance, leur achetant de gré à gré ou les expropriant, moyennant indemnité *préalable*, de tout le superflu. Nous devrons abolir la razzia qui serait punie à l'instar du vol à main armée afin de leur donner confiance dans la possession de ce qui est à eux, et de les stabiliser en leur apprenant par la sécurité, qu'ils peuvent habiter mieux que des tentes, cultiver plus que du blé.

Mais nous insistons pour l'adoption immédiate des changements que Machiavel conseille, quant aux circonscriptions territoriales; savoir :

1° La réunion de l'Algérie au territoire français par une loi, afin que le nom *Algérie* soit remplacé sur la carte par celui de France;

2° La transformation des provinces de Constantine, de Titteri, d'Oran, en 22e, 23e et 24e divisions militaires, indépendantes entre elles, mais ressortissant au ministère de la guerre, quant aux attributions militaires;

3° La formation immédiate de trois départements, savoir : 1° celui de la Seybouse, chef-lieu, Bone; 2° celui de la Mitidja, chef-lieu, Alger; 3° celui de la Tafna, chef-lieu, Oran : le premier, limité par le littoral, la frontière de Tunis, et une route passant par Tiffech, et se dirigeant par Temlouka, Constantine, Milah, sur Gigelly, et contenant un territoire d'environ 850 lieues carrées; le deuxième, par le littoral et par une route partant de Cherchell et passant par le Kantara du Cheliff, Médéah, Hamza et Delys, et comprenant environ 600 lieues carrées; le troisième, par le littoral et la frontière du Maroc, et par une route passant par Tlemcen, Mascara, Callah et Mostaganem, contenant environ 700 lieues carrées. Cette division aurait l'avantage d'enclaver presque toutes les villes de la ligne intermédiaire du Tell et tous les points maritimes les plus importants, sauf cependant Bougie.

Ces trois départements, subdivisés en arrondissements, cantons et communes, recevraient sans retard les lois et institutions françaises, seraient administrés par trois préfets, par des sous-préfets, des conseils de préfectures et des conseils généraux qui se formeront au fur et à mesure de l'arrivée des colons principaux.

Pendant que la colonisation se développera dans les trois départements, à l'aide des capitaux et de l'industrie particulière, on divisera, au fur et à mesure que cela sera possible, les territoires environnants en *capitaineries* dont les chefs-lieux seraient à une journée en dehors de la route, limite de chaque département (1).

Cette division du territoire est fondée sur ce que les Arabes connaissent parfaitement le titre de capitaine (captan) qu'ils donnent à tous les chefs militaires par opposition à celui de *mercante* (marchand) qu'ils attribuent à tous les civils (2).

Chaque capitainerie serait commandée par un capitaine français, avec un lieutenant et sous-lieutenant sous ses ordres. Sur l'emplacement choisi pour le

---

(1) Voir la carte.

(2) Dans notre ouvrage, l'*Algérie prise au sérieux*, nous avions proposé de laisser en dehors des départements, sauf la province de Constantine, tout le reste du pays, sous le commandement d'Ab-el-Kader, dont nous avions démontré l'impuissance à grandir en présence des moyens que nous proposions; nous avions fait voir que ce choix nous était dicté par la certitude acquise que, seul des indigènes, il avait une influence réelle sur les Arabes et saurait les maintenir; mais les craintes chimériques de son agrandissement, propagées habilement par l'influence militaire et la guerre qui a été faite depuis, nous forcent à retirer notre système, pour proposer de nouvelles combinaisons.

chef-lieu d'une capitainerie et, à l'aide des troupes, on bâtirait une maison caserne, pouvant contenir 50 hommes d'une gendarmerie française à pied, formée pour le pays, et 20 gendarmes à cheval.

La caserne serait entourée d'une enceinte en muraille, flanquée et formant une cour, la plus vaste possible; une des ailes de la caserne serait destinée au logement des personnes civiles ci-après, savoir :

Un maire, faisant les fonctions de juge, un greffier, un médecin, un ecclésiastique sachant l'arabe et un interprète.

Dans l'enceinte, serait aussi une chapelle; car notre indifférence religieuse est plus odieuse aux Arabes que notre qualité de chrétien. L'enceinte contiendrait une infirmerie où les Arabes seraient reçus (1).

Au besoin, on y joindrait une école sous la direction de l'ecclésiastique et de l'interprète. Ce dernier, comme on le sent, ne devrait point être pris, comme cela se fait aujourd'hui, sur le pavé d'Alger sans aucune garantie.

Les fonctions de Scheik, de Chaouch, de Cadi, etc., seraient abolies, on ne tolèrerait que les muphtis, car leur suppression serait une attaque trop directe à la foi des indigènes.

---

(1) Le prêtre et le médecin doivent être les premiers anneaux qui rapprocheront de nous les Arabes. En 1833, M. le docteur Giscard, attaché au bataillon de Zouaves, avait établi, à Delhi Ibrahim, une infirmerie arabe qui n'a jamais chômé, et dans laquelle nous avons même vu quelques femmes arabes.

La législation, mise en vigueur dans les capitaineries serait un choix judicieux des principaux articles de notre Code civil et de notre Code pénal.

Les dispositions de ce dernier Code seraient, autant que possible, transformées en amendes.

Dans chaque capitainerie, et selon son importance, on solderait de 15 à 20 cavaliers arabes pour faire la police de la capitainerie, la garnison ne devant que prêter main-forte à ces cavaliers arabes.

Tous les chefs-lieux des capitaineries communiqueraient entre eux, au moyen d'une route que l'armée construirait, et qui serait entretenue et ferrée par des cantonniers.

Sur ces routes, seraient faites de fréquentes patrouilles par les garnisons des capitaineries.

Les casernes seraient, autant que possible, divisées en chambres, qui recevraient les gendarmes mariés.

On tolèrerait dans chaque chef-lieu des capitaineries un certain nombre d'habitants civils, mais avec la condition de bâtir des maisons ou enclos en maçonnerie.

Il serait fait, à chaque gendarme et à chaque habitant civil, une concession de terrain, ainsi qu'aux officiers et aux fonctionnaires.

En aucun cas, les chefs-lieux des capitaineries ne pourraient être à plus de quatre myriamètres les uns des autres.

On conçoit que le pays ne pourrait recevoir immédiatement dans son entier cette organisation, mais successivement, en commençant sur les zones extérieures des départements.

Six capitaineries seraient sous les ordres d'un chef de bataillon, et relèveraient des généraux commandant les brigades.

En se rappelant le contenu du chapitre II, on ne sera plus arrêté dans l'exécution de ces projets par la chimère d'une invasion arabe dans nos départements. D'ailleurs, elle serait rendue impossible par le système des chemins de ceinture de ces départements et des colonnes mobiles, ainsi que nous l'avons développé dans notre ouvrage, *l'Algérie prise au sérieux*, au chap. IV (1).

Si l'autorité de Machiavel ne semble pas suffisante, nous invoquons celle de Sieyès : « Ce n'est, a-t-il « dit, qu'en effaçant les limites des provinces qu'on « parviendra à détruire tous les priviléges locaux. « Ainsi, il sera essentiel de faire une nouvelle divi- « sion territoriale par espaces égaux partout. Il n'y « a pas de moyen plus puissant et plus prompt de « faire sans trouble de toutes les parties de la France, « un seul corps, et de *tous les peuples qui la divi-* « *sent une seule nation.* »

Les commentaires ici sont inutiles, chacun sait comment s'est réalisée en France la fusion des provinces en un seul corps de nation.

Le tableau suivant et la carte jointe à l'ouvrage donneront une idée de l'organisation proposée, et surtout de ce qu'il est possible de réaliser sans retard.

---

(1) Voir la note 1, dans laquelle ce système est reproduit.

ORGANISATION POSSIBLE IMMÉDIATEMENT.

CIRCONSCRIPTIONS MILITAIRES.			CIRCONSCRIPTIONS CIVILES.			OBSERVATIONS.
DIV. MILIT.	SUBDIVISIONS	CAPITAINes.	DÉPARTEM.	ARRONDISSEM.	COMMUNES.	
22e division militaire (ex province de Constantine). Ch.-l.: Bône.	Bône. Lacalle. Guelma. Philippeville Constantine. Gigelly. Setif. Tiffech. . . .	à former successivement hors des départ.	Département de la Seybouse. ch.-lieu : Bône.	Bône. Guelma. Constantine. Mila, Gigelly. Philippeville. Temlonka. Tiffech. Lacalle.	à former successivement. On peut immédiatement former les conseils municipaux des chefs-lieux d'arrondissements.	La juridiction des tribunaux devra s'étendre d'abord jusqu'aux limites des départements, puis successivement sur les capitaineries au fur et à mesure qu'elles seront formées. — Il faudrait former trois évêchés dont les siéges seraient Constantine, Blida (à la place d'Alger) et Tlemcen. — Plus tard, trois cours royales seront nécessaires, mais seulement quand plusieurs départements seront formés dans chaque division militaire.
23e division militaire (ex prov. d'Alger).Ch.-lieu: Alger.	Alger. Cherchell. Miliana. Médéa Hamza. Delys. Bougie.	Id.	Département du Mazafran. Chef-lieu : Alger.	Alger. Coleah. Cherchell. Miliana. Médea. Hamza. Blida. Delys.		
24e division militaire (ex province d'Oran).Ch.-lieu: Oran.	Oran. Nédroma. Tlemcen. Mascara. Mostaganem Orléanville.	Id.	Département de la Tafna. Chef-lieu : Oran.	Nedroma. Tlemcen. Mascara. Mostaganem. Miserghin.		

Les trois départements algériens ayant ensemble une surface d'environ 2,000 lieues carrées, pourront recevoir une population française de 840 mille âmes, si les Arabes restent, et de 1,000,000, si les Arabes se retirent dans les capitaineries (1). Quand ce pas sera fait, alors la conquête sera achevée, car au sud et au nord, elle sera inattaquable, et elle pourra vivre de ses propres ressources. Puis, lorsque les 3 départements précités seront peuplés, il y aura lieu d'en former de nouveaux avec les capitaineries qui seront toutes préparées à recevoir cette organisation.

Il serait superflu d'entrer ici dans de plus grands détails ; le système que nous proposons est connu, il fonctionne en France : il ne s'agit que de l'appliquer à l'Algérie.

L'innovation des capitaineries n'est qu'une application des principes de Machiavel et de Sieyès ; par leur moyen, on fera passer successivement tous les Arabes sous l'administration directe et immédiate des Français, on les préparera à recevoir notre organisation sociale complète, en passant du simple au composé, sans avoir recours aux *hommes spéciaux.*

L'état social de la France est arrivé à ce point de

---

(1) Il est bien entendu que les Arabes qui resteront sur le territoire des départements devront accepter en tout et pour tout l'organisation française; ils seront libres, du reste, de se retirer dans les capitaineries où on leur concédera un territoire équivalent à celui qu'ils abandonneront.

perfection, qu'il n'y a plus *d'homme indispensable* pour la gestion des intérêts nationaux. Ce serait donc folie de ne pas profiter en Algérie de tous nos avantages.

Nous trouvons, dans l'armée, un exemple palpable de la réalisation de nos idées : avec de bons cadres et une moitié de soldats expérimentés, on peut utiliser une autre moitié d'hommes beaucoup moins exercés, c'est-à-dire une moitié de conscrits ; la masse des instruits enserre et entraîne les ignorants qui, sous l'empire d'une pratique de tous les jours et par l'exemple des instruits, acquièrent en peu de temps l'expérience qui leur manque.

Il faut qu'il en soit de même en Algérie : nous avons prouvé que les indigènes ne couvraient le sol qu'à raison de 78 ou 80 par lieue carrée, et qu'il y avait place dans chaque lieue pour 4 ou 5 cents Français : ces derniers doivent être nos cadres et nos soldats civilisateurs. Il ne s'agit que de les appeler promptement dans le pays ; alors les Arabes, semblables aux conscrits qu'on place au milieu de cadres et de soldats exercés, progresseront indubitablement plus rapidement par l'exemple et la pratique que sous l'enseignement et les théories hasardées des hommes *qui se prétendent initiés.*

Les enfants arabes ont une merveilleuse facilité à apprendre le français ; ils le parlent purement et sans accent. Les indigènes comprennent mieux notre langue que nous ne comprenons la leur : renoncerons-nous à cet avantage immense, en croyant l'étude de l'arabe indispensable pour gouverner les indigènes? Jusqu'à présent, peu de Français sont parvenus à parler l'arabe de manière à être parfaitement compris, et pas un peut-être ne peut lire couramment sans équivoquer. Conséquemment, notre langue doit devenir celle de l'Algérie.

Arrière donc tous les *hommes soi-disant spéciaux;* imposons aux vaincus notre civilisations et notre langue; puis, sans nous traîner dans les prétendues nécessités des transitions, des ministères spéciaux, etc., organisons dans les trois départements précités notre état social français dans toute son étendue. Les Arabes s'éclaireront plus en voyant le jeu de nos institutions que par l'aspect du chaos administratif qui, jusqu'à présent, a été mis sous leurs yeux, et qu'on voudrait y perpétuer, disons-le nettement, au profit de quelques intérêts particuliers.

Admettons au rang de citoyens français tous les indigènes au fur et à mesure que nous les aurons encadrés dans nos rangs, mais soyons très réservés de cette faveur envers les Européens qui n'y seront pas propriétaires fonciers et qui ne viendront s'installer dans notre France africaine que pour y vivre en parasites sans s'occuper de la fertilisation du sol.

L'opinion s'éclaire sur l'Algérie; ce n'est plus pour la France une terre lointaine et mystérieuse; l'obscurité qui la couvrait s'est dissipée; l'Algérie est devenue une France où le mouvement ascendant de la population et des affaires se produit par le simple espoir d'une amélioration sociale. Ne transformerait-on pas bientôt ce mouvement en un courant impétueux si l'organisation que nous proposons était réalisée, si la légalité succédait à l'arbitraire et à la confusion des pouvoirs?

Déjà 65 mille habitants civils existent en Algérie; et sans doute, avant peu, ce nombre s'augmentera. Quand il sera à 100 ou 150 mille, et quand les terres cultivées donneront de riches récoltes, le gouvernement, pour rentrer dans ses dépenses, demandera au pays un autre revenu que celui provenant de l'impôt indirect; alors naîtra l'impôt direct, savoir : la contribution foncière, la contribution personnelle et mobilière et celle des portes et fenêtres.

Depuis longtemps déjà, sans qu'on s'en doute, le premier pas vers l'assimilation est fait; on paie déjà, en Algérie, une partie de l'impôt qui donne des droits politiques, c'est celui des patentes. Avant peu, la contribution mobilière et personnelle sera exigée ainsi que celles des portes et fenêtres; il ne restera plus à demander que la contribution foncière. Nous espérons que la prospérité croissante du pays hâtera cet instant, qui sera le signal inexorable de son admission au titre de territoire français.

Mais l'impôt direct étant essentiellement un impôt de répartition dont la législature fixe la quotité pour chaque département, ne faudra-t-il pas alors l'autorité départementale (la préfecture) pour répartir le contingent entre les arrondissements, l'autorité d'arrondissement (la sous-préfecture) pour le faire entre les communes, enfin l'autorité communale pour établir la quote part des individus et garantir les droits de la commune? Ne faudra-t-il pas, en cas de réclamation pour cause de surtaxe, comme en France, le conseil général qui statue souverainement sur ces réclamations, et qui constitue la garantie de chacun des contribuables?

L'impôt direct ne pourra donc être exigé sans entraîner avec lui toutes ses conséquences; savoir, la concession des droits qui résultent de l'obligation pour tout citoyen de participer, chacun selon ses facultés, aux charges de l'Etat. Renoncera-t-on à cette ressource pour n'accorder aucun droit?

C'est en vain que l'on prétendrait avoir assez fait pour les Français de l'Algérie, en leur accordant les droits civils : comment aurait-on pu les leur contester? Mais nos Codes civil et pénal ne régissent que les droits concernant la famille et la propriété; ils ne constituent pas une organisation sociale; ils ne contiennent pas la théorie des devoirs sociaux, c'est-à-dire les conditions de la réunion des Français en société; il est un autre Code dont on ne pourra bientôt plus priver l'Algérie, c'est le Code de la législation administrative de la France, lequel présente l'organisation la plus forte et la plus sage, celle qui offre des garanties pour tous les droits, pour tous les intérêts.

Quand donc la population algérienne aura seulement atteint le chiffre de 100 mille âmes, toutes les garanties de l'état social de la France deviendront indispensables, autrement l'armée aurait peut-être, outre la tâche de contenir les Arabes, celle de surveiller les colons las du joug de l'arbitraire et d'une administration exceptionnelle.

On doit se souvenir que le motif qui occasionna la prise d'armes des Américains contre les Anglais, fut le refus obstiné de la métropole de laisser contrôler les contributions par les autorités locales. Lors donc que l'Algérie sera assez puissante, elle réclamera sa place dans cette législature chargée de voter sa part d'impôt. Quel inconvénient y a-t-il à pourvoir d'avance à ce besoin avant qu'il amène des collisions entre la France et l'Algérie?

Avant 5 ans, sans doute, Alger, Bone et Oran ne seront qu'à 68 heures de Paris par le moyen du chemin de fer de Paris à Marseille. Comment conserver l'espoir de retarder au delà de ce terme l'assimilation que nous demandons ici?

Il ne faut donc plus s'illusionner et retarder le progrès. On devra repousser comme rétrogrades toutes ces fixations de limites au delà desquelles les transactions et les installations sont interdites. Ne sont-ce pas les hardis pionniers de l'Amérique qui ont conquis le territoire des Etats-Unis? En vain l'on s'est plaint que la colonisation a plusieurs fois entraîné trop loin l'autorité; ce n'est pas la colonisation qui a marché trop vite, c'est toujours l'administration qui s'est montrée incapable de suivre l'activité des colons. Aujourd'hui, après 14 années d'irrésotion, d'incertitudes et de fautes, il est temps d'aborder le seul système rationnel, savoir celui de l'assimilation de l'Algérie à la France; car c'est le seul qui aura pour résultat d'augmenter le sol français de 12 mille lieues d'un pays fertile, de transformer 4 millions de prolétaires en 4 millions de citoyens aisés, et par conséquent de grandir la puissance de notre patrie.

Peut-être, dans ce pays, sur lequel ne pèse point encore un onéreux passé, pourrons-nous étudier avec fruit les réformes à apporter au régime hypothécaire; peut-être, par l'écoulement en Afrique de l'excès de nos travailleurs, oserons-nous aborder le grand problème de l'extinction du paupérisme et de l'organisation du travail, graves questions auxquelles on n'ose toucher en présence de la dangereuse armée qu'ellès intéressent à un si haut degré.

Si on adopte l'organisation proposée dans le présent chapitre, l'augmention rapide des communications de la France avec un pays où l'absence de légalité ne sera plus un motif de répulsion, nécessitera de nouvelles lignes de bateaux à vapeur, savoir :

1° Une ligne de bateaux à vapeur de Cette à Oran pour la 24e division militaire et le département de la Tafna. Un départ aura lieu de chacune de ces places une fois par semaine : on toucherait à Port-Vendre, Barcelone, Valence et Carthagène.

2° La ligne existante entre Marseille et Alger tous les cinq jours resterait la même, touchant tous les quinze jours alternativement à Mahon et à Palma.

3° Enfin celle de Toulon et Bône, destinées à desservir la correspondance de la 22e division militaire et du département de la Seybouse. Elle aura lieu une fois par semaine; on pourrait toucher à Ajaccio et à Cagliari.

A ce propos, nous croyons qu'il serait important d'assujettir les indigènes au service de notre marine plutôt qu'à celui de terre. Dans le premier (1), ils pourraient rendre de grands services et augmenter le nombre de nos marins, tandis que dans le second, ils peuvent devenir dangereux sans être d'une utilité reconnue (2).

En même temps que les travaux des fortifications seront poussés avec activité sur la côte, une grande partie de nos troupes devra être appliquée sans délai aux travaux des routes stratégiques; savoir :

1° Celle de Cherchell à Miliana (par la montagne) de Miliana à Médéa, à Hamza et à Delys;

2° De Tlemcen à Mascara, à Mostaganem;

3° De Bône à Guelma, Tiffech, Temlouka, Constantine, Mila et Gigelly;

4° Celle de Hamza à Sétif.

---

(1) Nous renvoyons au travail de M. Bonfils, lieutenant de vaisseaux, pour l'application des indigènes au service de mer.

(2) Il serait cependant bon d'avoir, dans chaque division militaire, une compagnie de guides, mais organisées comme l'avait fait, en 1841, M. le chef d'escadron d'Allonville. Comme guides et éclaireurs, les Arabes ont rendu de grands services, tandis que, comme cavalerie, ils coûtent fort cher, et ne peuvent suppléer nos régiments français.

5° Enfin les routes des chefs-lieux des départements aux principales villes.

Constantine, Sétif, Médéah, Miliana, Mascara, Tlemcen et Sebdou deviendront les stations des principales colonnes mobiles de notre cavalerie, dont le chiffre, pour dominer réellement les populations, doit être porté à près de 20 mille, y compris une nombreuse gendarmerie. Avec 2 mille hommes de cavalerie dans chacune de ces places, la ligne des postes sahariens deviendra sans aucune importance, car pendant l'été, lors de l'arrivée des Saharis, nos colonnes de cavalerie s'y montreront sans peine et sans grande fatigue assez souvent pour y maintenir l'ordre et la tranquillité; elles y seront même plus efficaces que les garnisons d'infanterie prisonnières dans Thaza, Tekedemt, Tiaret, Saïda, etc., et y périssant de nostalgie.

Les troupes d'infanterie dont on pourra réduire successivement le chiffre, devront être particulièrement destinées à garder les côtes.

Une dernière observation : Jusqu'à présent, le gouverneur a plus été *général en chef que gouverneur;* aujourd'hui même, la guerre le préoccupe entièrement. Il est remplacé à Alger par un gouverneur intérimaire, qui, malgré ses bonnes intentions, ne peut agir librement; les affaires languissent, l'impulsion n'existe pas, l'organisation fait défaut.

Nous concevons qu'à cause de la victoire de l'Isly, le gouvernement militaire soit encore environné d'un certain prestige; mais, nous en appelons au gouverneur général lui-même, ne serait-il pas mieux pour lui et pour les intérêts civils, qu'il pût rentrer dans son palais sans être assailli par les réclamations nombreuses de tous les intérêts en souffrance, par des demandes d'audiences pour régler mille et une affaires du ressort de l'autorité civile. Ne serait-il pas mieux qu'il fût général en chef, que les directeurs et sous-direceturs de l'intérieur fussent préfets et qu'il y eût des conseils de préfecture chargés de démêler tout ce contentieux administratif, qui ne devrait jamais avoir accès dans les bureaux de la guerre, où ils ne reçoivent jamais une solution satisfaisante?

Alors, les attributions de chacun seraient parfaitement définies et limitées, alors le progrès naîtrait forcément, par suite de l'ordre résultant de la rentrée de tous les fonctionnaires dans le cercle de leurs devoirs.

FIN.

APPENDICE.

Il est utile, à la suite de notre plaidoyer en faveur de l'assimilation de l'Algérie à la France, de faire connaître ce qui s'est passé dans la commission instituée par décision royale du 26 mai 1840 pour l'examen des questions relatives à l'esclavage et *à la constitution politique des colonies.*

Cette commission, composée de :

MESSIEURS

Le duc de Broglie, président, pair de France;
le comte de Saint-Criq, *id.*;
le marquis d'Audiffret, *id.*;
Rossi, *id.*;
de Tracy, député.
le comte de Sade, *id.*;
Bignon, *idem.*
Wurstemberg, *id.*;
Passy, député;
de Tocqueville, *id.*;
Reynard, *id.*;
le vice amiral bon de Mackau;
le contre-amiral de Moges.
de Saint-Hilaire, conseiller d'Etat, directeur des colonies;
Mestro, secrétaire;

a, dans sa séance du 3 avril 1841, adopté le projet de loi suivant.

PROJET DE LOI.

Article 1er. — Les conseils coloniaux établis à la Martinique, à la Guadeloupe, dans l'Ile-Bourbon et à la Guyane sont supprimés.

L'institution des délégués des colonies près le gouvernement du Roi est également supprimée.

Article 2. — Chacune de ces colonies aura un conseil général électif dont l'organisation et les attributions seront provisoirement déterminées par une ordonnance royale, rendue dans la forme des règlements d'administration publique.

Toutefois, l'ordonnance royale ne pourra rien ajouter ni changer aux dispositions de l'article 2 de la loi du 24 avril 1833.

Article 3. — Lesdites colonies nommeront des députés à la Chambre des Députés, dans la proportion suivante :

La Martinique. . . . deux députés ;
La Guadeloupe. . . deux *id.*
L'île Bourbon. . . . deux *id.*
La Guyane. . . . . un *id.*

Article 4. — La circonscription électorale de la Martinique, de la Guadeloupe et de l'île Bourbon sera conforme au tableau annexé à la présente loi.

Le chef-lieu de chaque arrondissement électoral sera désigné par ordonnance royale.

Article 5. — Est éligible à la Chambre des Députés, par les colléges électoraux des colonies, tout Français qui satisfait aux conditions des articles 59, 60 et 64 de la loi du 19 avril 1831.

Seront comptées au nombre des contributions directes qui confèrent le droit d'éligibilité dans chaque colonie, toutes les contributions directes qui y sont actuellement perçues, la capitation des personnes non libres étant seule exceptée.

Article 6. — Au lieu du paiement d'une contribution directe de 500 francs, il suffira, pour être éligible, de justifier de la possession dans une des quatre colonies d'une propriété immobilière de la valeur de 50,000 francs.

L'estimation en sera faite d'après les évaluations qui ont servi ou qui serviraient de base à la perception des droits d'enregistrement.

Elle ne comprendra pas le prix des personnes non libres attachées à l'immeuble.

Article 7. — La justification du cens d'éligibilité pourra aussi résulter cumulativement dans la proportion ci-dessus établie, de la cote des contributions directes et de lapossession d'une propriété immobilière.

Article 8. — Les députés des colonies pourront être nommés indistinctement et sans limitation de nombre parmi tous les Français éligibles, domiciliés soit dans une colonie, soit dans un département.

Article 9. — Sera électeur dans les colonies tout Français qui réunira les conditions prescrites aux titres I et II de la loi du 19 avril 1831.

Toutefois sont applicables aux électeurs des colonies, dans la proportion du cens électoral, les dispositions des articles 5, 6 et 7 de la présente loi.

Article 10. — Une ordonnance royale, rendue dans la forme des règlements d'administration publique déterminera provisoirement les règles à suivre pour la formation des listes électorales, et pour la tenue des colléges électoraux, en appliquant à chaque colonie, avec les modifications qu'exigent les circonstances locales, les dispositions de la loi du 19 avril 1831 sur les élections.

Dans tous les cas, devront être appliqués dans les colonies : 1° le principe de la permanence des listes électorales et de leur révision annuelle ; 2° la disposition qui attribue à la Cour royale le jugement définitif et sommaire des contraventions auxquelles peuvent donner lieu soit les inscriptions, soit les radiations ordonnées par l'autorité administrative.

Article 11. — Les ordonnances rendues en vertu de la présente loi seront présentées aux Chambres pour être converties en loi, au plus tard dans la troisième session après que les députés des colonies auront été introduits dans la Chambre des députés.

Article dernier. — Sont abrogées toutes les dispositions de la loi du 24 avril 1833 qui sont contraires à la présente loi.

Les membres de la commission qui ont combattu ce projet de loi, sont MM. de Tracy, Passy et Reynard; mais les raisons alléguées à l'appui de leur opinion nous ont paru sans valeur. L'une d'elles nous a frappé cependant; M. de Tracy, pour démontrer les inconvénients qui résulteraient de l'admission des députés des colonies dans la Chambre élective, a été jusqu'à dire que la députation des colonies serait quelque chose d'analogue à la députation irlandaise dans la Chambre des communes, et l'*on sait*, a-t-il ajouté, de quel poids elle pèse dans les délibérations du parlement britannique. Singulière préoccupation d'esprit d'un négrophile qui ne peut entendre parler de l'esclavage de la race noire, et qui voit un grand danger dans l'émancipation de l'Irlande.

M. Passy a déclaré que loin de concéder des droits aux colonies, il faudrait user à leur égard, lors de l'abolition de l'esclavage, d'un redoublement de vigilance et de force; qu'il devra y avoir domination et contrainte, non-seulement à l'égard de la population libre, mais aussi envers les noirs qu'on émancipera; *que tout cela est rigoureusement dans le droit d'une métropole à l'égard de ses possessions d'outre-mer;* que le droit d'une métropole est de laisser de semblables possessions en dehors de la représentation nationale; que si le droit contraire existait, il n'y aurait pas de raison pour refuser l'application du même principe à tous nos établissements coloniaux.... enfin à l'Algérie.

Les objections de M. Reynard ont été d'une pâleur qui nous dispense d'en citer le moindre fragment.

Quant aux autres membres de la commission, ils ont tous appuyé chaleureusement le projet d'accorder aux colonies une représentation complète à la Chambre des Députés. La dissidence entre eux n'a consisté que sur l'époque opportune pour rendre cette grande justice aux Français d'outre-mer. Les uns ont cru qu'il fallait l'ajourner jusqu'à ce que l'abolition de l'esclavage fût consommée; les autres, au contraire, ont prétendu avec raison que si on admettait sans délai les députés des colonies à la Chambre, la difficile question de l'abolition se résoudrait sans efforts et sans secousse, parce que, d'un côté, la Chambre des Députés se trouvant en présence des idées et même des passions coloniales exprimées avec sincérité, se ferait des notions plus justes sur les hommes et les choses des colonies, et que, d'un autre côté, les députés colons aux prises avec l'opinion publique, en contact avec les influences de la mère patrie, plongés en quelque sorte dans le milieu métropolitain, ne seraient pas longtemps sans modifier leurs idées : ils donneraient aux colonies les notions qui leur manquent sur la situation des affaires publiques, sur l'état de l'opinion, sur la disposition des esprits dans le gouvernement et dans les Chambres.

Parmi les membres qui ont soutenu le plus vivement et par des arguments péremptoires l'adoption immédiate du projet de loi, nous devons citer M. de Tocqueville, M. de Saint-Hilaire directeur général des colonies, MM. les amiraux de Mackau et de Moges (ces deux amiraux ont gouverné longtemps nos colonies).

Quelle ne serait pas, en effet, l'excellence de cette mesure appliquée à l'Algérie, qui est aux portes de la France, et dont les trois villes principales, Bône, Alger et Oran, ne seront avant peu qu'à 68 heures de Paris.

Nous le disons à regret, la majorité de la Chambre a manifesté de la répulsion pour le projet de la commission : peut-être repousserait-elle un projet semblable pour l'Algérie. Mais notre espérance est vive; les capacités des Chambres des Pairs et des Députés ont compris quelle cohésion avec la France, donnera à nos possessions d'outre-mer la concession des droits politiques, quelle force acquerront ces possessions, quand au lieu d'être peuplées de spéculateurs, elles seront peuplées de citoyens français.

Le mal est tout entier dans l'ignorance des Chambres, mais la lumière a jailli; elle n'est plus sous le boisseau : elle éclairera dans peu tout le monde, et nous espérons encore que l'opinion sera mûre avant qu'on ait accablé l'Algérie de toutes les dispositions rétrogrades que prépare le ministère de la guerre; de tous ces projets de ministères spéciaux que rêvent des hommes qui par la création de cette superfétation, voudraient se préparer une curée de places et d'emplois.

Que le directeur des affaires de l'Algérie s'élève à la hauteur des vues du directeur des colonies; que nos généraux sachent comprendre toute la portée de l'opinion de MM. les amiraux de Mackau et de Moges; toute l'intelligence qu'ils ont montrée des intérêts réels de la France, dans les discussions de la commission, et bientôt l'Algérie deviendra une France réelle, grande et puissante.

NOTE I.

Extrait de l'ouvrage l'*Algérie prise au sérieux*.

Pour qu'un système de défense soit admissible, il faut qu'il satisfasse aux conditions suivantes :

1° Sécurité et protection pour nos établissements.

2° Protection efficace aux Arabes qui se soumettront et action incessante sur eux. . . . .

Le changement de système n'est donc plus la question à agiter, c'est chose arrêtée par tous les esprits sérieux ; on flotte seulement dans l'incertitude, faute de renseignements exacts sur l'état réel de l'Algérie.

Dans nos nombreuses courses au travers de ce pays, j'ai rencontré fréquemment des ruines romaines, particulièrement sur les lignes de communications entre les centres de population. Ainsi, d'Hipône à Cirta (de Bône à Constantine) on aperçoit des traces de voies romaines. On en voit aussi de Stora à Constantine, et en bien d'autres localités. Sur ces voies, pour la sûreté de la circulation, étaient établies, à des distances de moins de mille mètres les unes des autres, des enceintes en pierre de taille, destinées sans doute à recevoir un petit nombre de soldats.

A chaque journée de marche (7 à 8 lieues environ), on arrivait à un *præsidium* (fort), autour duquel s'étaient groupées les maisons d'une ville, telle que *Guelma*, *Announa*, *Djimila* (Culcul), *Sétif*, etc., etc.

Les Turcs ont en quelque sorte imité le système romain, en créant leurs *haouch*. Ces *haouch* servaient de gîtes aux grands fonctionnaires, obligés de parcourir le pays pour la levée des impôts : ce sont de grandes cours carrées, autour desquelles règnent des appartements pour les hommes et des appentis en colonnades pour les bêtes de somme.

Pourquoi n'imiterions-nous pas le système romain, en le modifiant d'après nos vues, et d'après les puissants moyens d'action à notre disposition? Pourquoi ne cernerions-nous pas successivement, par des routes de ceinture, des portions de territoire assez vastes pour y implanter des populations agricoles?

Une ligne partant de Cherchell et passant par Miliana, Médeah, Hamza et Delys, comprendrait, avec le rivage, un espace d'environ 600 lieues carrées, sur lequel il est facile d'obtenir sécurité pour les colons et protection pour les Arabes qui l'habitent.

Pour cela, il faut transformer cette ligne en une bonne route qui lie entre elles ces cinq villes, laquelle serait semée, de mille mètres en mille mètres, de blockhaus en pierre, et, de 5 à 7 lieues de poste, de fortins servant de gîtes d'étape.

Chacun des blockhaus serait disposé pour recevoir, dans un bon casernement, une garnison de 20 hommes, et serait pourvu d'une pièce de canon. Chaque gîte d'étape contiendra une caserne bien construite pour recevoir 150 hommes, et aurait 4 pièces de canon. Ici je prie le lecteur de suspendre son jugement jusqu'à la fin de la lecture de ce chapitre.

De Cherchell à Miliana, il y a 10 lieues de poste ou 40 mille mètres. Entre ces deux villes, il faudra un gîte d'étape et 38 blockhaus en pierre.

De Miliana à Médeah, il y a 53000 mètres. Entre ces deux villes, il faudra un gîte d'étape et 51 blockhaus en pierre.

Je n'achève pas de pousser la route jusqu'à Delys, parce que le terrain est encore inconnu, et que le raisonnement subsistera, quoique le polygone d'enceinte ne soit pas complétement fermé. Il y aura d'ailleurs à étudier s'il ne convient pas de prolonger la route sur Bougie, par la vallée de l'oued (rivière) Messaoude, plutôt que de couper sur Delys.

La route de ceinture devra être praticable en toute saison; il faudra donc la construire presque partout en chaussée, à cause des déluges d'eau qui tombent en hiver. En plaine, pour avoir les terres nécessaires à l'exhaussement de la chaussée, je la borde à l'extérieur d'un fossé de deux mètres de profondeur sur trois de largeur. Ce fossé, que l'on a pris pour un obstacle continu sur une immense échelle, n'est point fait dans ce but : on pourrait s'en passer; mais, à tout considérer, il peut encore présenter, partout où il sera nécessaire de le creuser, un obstacle au passage des bestiaux que l'on tenterait d'enlever.

Je repousse également l'idée que les stratéges du *National* m'ont complaisamment prêtée, d'avoir voulu obtenir des *feux croisés* sur toute la ligne, au moyen de blockhaus armés d'un seul canon.

La route que je propose est une *route de ceinture, un grand chemin de ronde;* et si je le sème de blockhaus de kilomètre en kilomètre, c'est pour qu'il *soit constamment vu sur toute sa longueur*, afin qu'un corps ennemi ne puisse le franchir sans être aussitôt signalé par un coup de canon tiré de blockhaus en blockhaus jusqu'au point où stationnent les colonnes mobiles (1).

---

(1) Ces blockhaus, de kilomètre en kilomètre, assureront également la

A ce signal, une colonne mobile se dirigera rapidement par la route de ceinture, sur la partie qui a été franchie; elle viendra ainsi se placer sur les derrières de l'ennemi, et manœuvrera de manière à l'atteindre lorsqu'il voudra repasser au dehors.

Il est évident que l'ennemi, sachant qu'une colonne manœuvre pour lui couper la retraite, ne pourra pousser son mouvement offensif plus longtemps qu'il ne faudra à cette colonne pour arriver sur le point d'invasion, c'est-à-dire faire plus de 3 ou 4 lieues dans l'intérieur, ainsi qu'on le verra tout à l'heure par le choix des stations de ces colonnes.

Dans le cas où il persisterait à demeurer sur le territoire cerné, une seconde colonne mobile se mettrait à sa poursuite pour l'obliger à la retraite. Alors la position de l'ennemi devient critique; car, poursuivi par une colonne, il aura la certitude d'être attendu par l'autre qui manœuvre sur la route de ceinture : il est presque certain qu'il ne saurait s'exposer à ce danger.

La route de ceinture passant au sud du petit Atlas, et à l'ouest des montagnes des Beni-Menad, de Chénouan, des Soumata, etc., toutes habitées par des Kabaïles, qui nous sont hostiles, parce que les réguliers de l'émir viennent les contraindre à nous attaquer, enfermera toutes ces populations qui seront alors continuellement en prise à nos colonnes, et par ce moyen forcées de rester tranquilles; d'un autre côté, les troupes d'Abd-el-Kader ne pourront séjourner dans ces montagnes, par la raison expliquée dans le paragraphe précédent. Il résultera nécessairement de cette combinaison, que les indigènes compris dans nos lignes *seront efficacement* protégés, puisque l'ennemi ne pourra plus achever ses razzias; car, rencontré à coup sûr par une colonne mobile, lorsqu'il voudra repasser nos lignes, il ne pourra emmener le butin qu'il aura pu faire. Dès lors, il devient indispensable aux indigènes compris dans nos lignes, de faire cause commune avec nous ou d'évacuer le terrain. Dans le premier cas, ils s'enhardiront à repousser un ennemi dont la présence les exposerait à nos coups; et ce n'est même qu'à la condition qu'ils nous préviendront de tout mouvement hostile qu'ils seront tolérés.

La route de ceinture étant partout éloignée de 15 ou 18 lieues d'Alger,

---

circulation des isolés; car, si on les entoure d'un fossé et d'un parapet formant une cour, en cas d'attaque, les voyageurs et les voitures n'étant qu'à 500 mètres d'un lieu de refuge, pourront presque toujours circuler sans escorte.

A cause des événements arrivés depuis la publication de l'ouvrage d'où est tirée cette note, on pourra supprimer les blockhaus de kilomètre en kilomètre, et conserver seulement les postes gîtes d'étapes.

et l'ennemi ne pouvant la dépasser de plus de 3 ou 4 lieues, il devient évident qu'il existera autour d'Alger, un espace de 10 ou 12 lieues de rayon, que l'*ennemi en corps* ne pourra jamais pénétrer, et où il n'y aura plus que quelques maraudeurs qui seront aisément contenus par la gendarmerie à cheval, dont je demande un régiment de 600 hommes dans chacune des provinces d'Alger et de Constantine.

Par ce système, serait atteint le double but de donner de la sécurité aux Européens et de la protection aux indigènes, en même temps qu'on aurait de l'action sur eux ; et alors, la *conquête de 600 lieues carrées de territoire serait réalisée.*

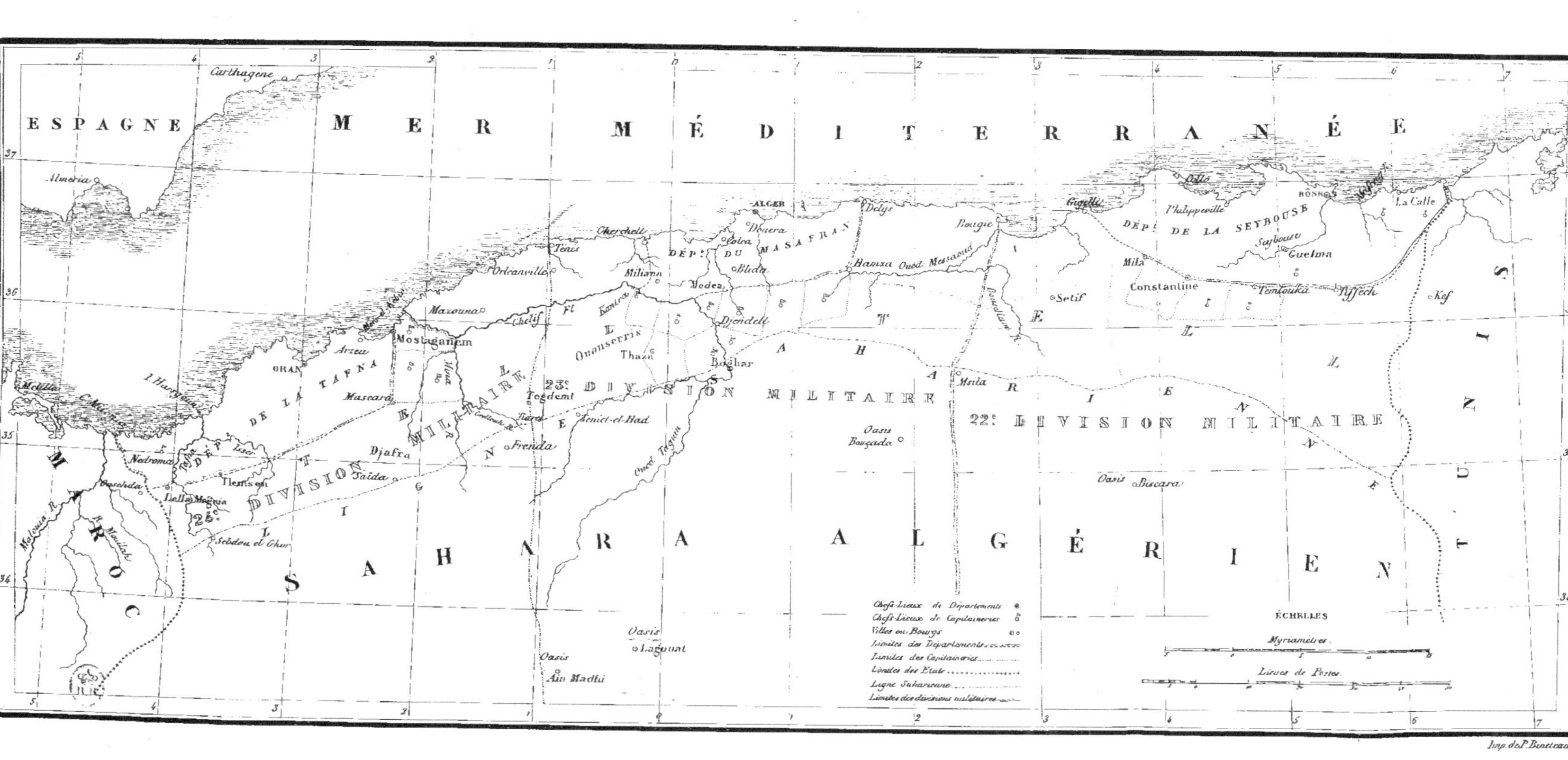

ESPAGNE
MER MÉDITERRANÉE
MAROC
SAHARA ALGÉRIEN
TUNIS
Carthagene
Almeria
Melilla
Nedroma
Ouchda
Lella Magnia
Tlemsen
Sebdou el Ghar
ORAN
Arzew
Mascara
Mostaganem
Maxouna
Orléansville
Tenès
Cherchell
Miliana
Medea
Blida
Douera
Coléa
ALGER
Dellys
Hamza
Oued Messaoud
Bougie
Djidjelli
Setif
Mila
Constantine
Philippeville
Bône
Guelma
Seybouse
La Calle
Kef
Teffech
Msila
Boghar
Thaza
Tegdemt
Tiaret
Frenda
Djafra
Saida
Teniet-el-Had
Chelif Fl.
Oued Taguin
Oasis Bouçada
Oasis Biscara
Oasis Laguat
Oasis Aïn Madhi
DÉP.T DE LA TAFNA
DÉP.T DU MASAFRAN
DÉP.T DE LA SEYBOUSE
23.e DIVISION MILITAIRE
22.e DIVISION MILITAIRE
24.e DIVISION MILITAIRE
Chefs-Lieux de Départements
Chefs-Lieux de Capitaineries
Villes ou Bourgs
Limites des Départements
Limites des Capitaineries
Limites des États
Ligne Saharienne
Limites des divisions militaires
ÉCHELLES
Myriamètres
Lieues de Postes
Imp. de P. Bineteau

www.ingramcontent.com/pod-product-compliance
Ingram Content Group UK Ltd.
Pitfield, Milton Keynes, MK11 3LW, UK
UKHW020242250726
13967UKWH00004B/1491

9 782012 896970